www.tredition.de

www.tredition.de

Verlag und Druck:
tredition GmbH, Halenreie 40-44, 22359 Hamburg

ISBN
Paperback: 978-3-347-20934-3
Hardcover: 978-3-347-15794-1

Karl-Heinz Mantel

Bauer Ohles

lebensnahe

Erzählungen

aus der

Stammtischrunde

über

Damals

Heute

Irgendwann

Inhalt

Seite

Ein Wort voraus

Meine Gedanken für die nachfolgenden Zeilen hatten ihren Ursprung in gern gelesenen Zitaten, so u.a. auch über den Sinn des Lebens.

Hauptfiguren wurde Bauer Ohle mit seiner Stammtischrunde. Sie reden u.a. über unseren Planeten, unser Weltall oder unseren Himmel, über Entwicklungen, auch des Lebens, Historisches, Stadt und Land, Erlebnisse, Umweltsünden und unsere Zukunft.

Die Erzählungen der Stammtischrunde erfassen ein Thema oft mit leichten Worten und Schilderungen von verschiedenen Zusammenhängen und Möglichkeiten.

Die Stammtischgedanken enden mit einem Nachwort von Bauer Ohle.

Aber – alle Erzählungen aus der Runde werden als Kurzschilderungen in Reimen geschrieben. Doch es gibt noch eine Besonderheit, die Zeilen (Verse) haben eine 'beschreibende' Länge, so dass Verse wie Zeilen erscheinen und nun im Paarreim erzählen.

Zuvor habe ich zwar aufgezeigt, dass die Erzählungen der Stammtischrunde oft mit leichten Worten plaudern, doch ich begann anfangs sehr holprig im Paarreim zu erzählen. Leichter wurde es später, oft angenehm, ein passend gelockertes, ja manchmal frivoles Reimwort zu finden.

Lassen Sie sich einfach mit dem ersten Thema 'Leben' überraschen.

I.Leben

Nachfolgend wird über die Entwicklung des Lebens, also die Evolution oder Schöpfung erzählt. Es handelt sich um Millionen von Pflanzen- und Tierarten. Dies alles vollzog sich über Millionen Jahre, insgesamt über 3 bis 4 Milliarden Jahre und sicherlich nicht ohne Hindernisse. Wissenschaftler, u.a. der Astrobiologie, Biologie, Botanik, Chemie, Geobiologie, Paläontologie, Philosophie, Physik, Theologie wie Zoologie haben diese fächerübergreifenden Zusammenhänge aufgezeigt, natürlich auch mit unterschiedlichen Auffassungen über die Evolution oder Schöpfung des Lebens. Vor allem in den letzten Jahrzehnten haben Wissenschaftler erkannt, dass sich die Evolution nach Darwin nicht immer in einer fast gleichmäßigen, ausgewogenen Entwicklung vollzog. Sie konnten belegen, dass unzählige Erdkatastrophen wie u.a. eisige Kälte, Überflutungen, Stürme, Wolkenbrüche, Meteoriteneinschläge mehr als Störenfriede der Entwicklung waren. Wenn man wissenschaftliche Belege, Erkenntnisse, Widersprüche, Ungewissheiten und Glaube vermischt, nähern wir uns der Schöpfung (Vereinfacht: **u.a.600 Mio Jahre** aus wissenschaftlichen Erkenntnissen, entsprechen **einem Tag** der Schöpfungsgeschichte). Nicht nur von daher war die Erzählung im Paarreim hilfreich, wissenschaftliche Aussagen ein wenig 'gelockert' zu beschreiben.

So beginnen Bauer Ohles Erzählungen mit leichten Worten,

aus der Stammtischrunde und anderen

Orten:

Himmel/Erde

Wenn wir in die Wolken schauen, sprechen-
wir vom Himmel oder Weltall,

von Gott erschaffen sagt der Glaube, die
Evolutionstheorie spricht vom Urknall.

Vor einigen Milliarden Jahren sei dies ge-
schehen, läge der Urknall zurück

und habe entsprechende Mengen Materie
und Antimaterie hinterlassen als berufenes
Erkenntnisstück.

Denn der Radius der wissenschaftlichen
Forschung umfasst etliche Milliarden Licht-
jahre,

also die Systeme der Sterne, Milchstraße,
Sonne wie Planeten, das sichtbar Wahre.

Hinzu kommt, dass die auf der Erde gelten-
den physikalischen Gesetze auch im Weltall
gelten.

So wird erkennbar, Übereinstimmungen, wie
auch Gegensätzliches sind nicht selten.

Erkennbar wird auch, dass Einsteins Relativitätstheorie im Weltall gilt,

und Satelliten senden der Astro-Forschung das erkenntnisreiche und oft sensationelle Bild.

Bisher wurde eine Begrenzung im Weltall nicht aufgezeigt,

eine Unendlichkeit? Der Glaube spricht, das Weltall schweigt.

So kommt zwangsläufig die Frage auf: Sind Glaube und Evolutionstheorie miteinander vereinbar?

Die befragten Menschen sagen mit wenigen Ausnahmen: Ja aus tiefem Herzen und nicht lapidar.

Etwas lockerer gesehen kann man es auch begründen; nach dem 1. Buch Mose (Genesis) dauerte die Schöpfungsgeschichte 6 Tage plus 1 Ruhetag.

Die Evolutionstheorie geht von rund 3,6 Milliarden Jahren aus, also 6x600 Mio Jahre, sodass ein Tag im Vergleich 600 Mio Jahren entspricht, wenn man mag.

Denn Glaube ist nicht Wissen, doch bei dem Wissen über das Weltall haben wir gerademal eine knappe 10% Wissensforschung.

So machen schwarze Löcher, unbegrenztes Unendliche ohne Wissensstand nachdenklich, eine Entwicklung ohne Entzauberung...

„Ein nur leicht bewölkter Himmel", sinniert Bauer Ohle,

hebt sein Glas und sagt: „Zum Wohle!"

Erdball

Der Erdball entstand im Weltall vor rund 4-
5 Milliarden Jahren,

aus Gas und Staub, ein grober Umriss und völlig
unerfahren.

Er entwickelte sich mit fester Kruste zu einem
Planeten im Weltall.

Von 'rund' konnte noch keine Rede sein, eher ein
Klotz, noch kein Ball

.

Wolkenausbrüche, Vulkane wie Eiszeiten in
kaum nachvollziehbaren Zeiträumen

ließen Landschaften von Berg und Tal wie Fluss,
See und Meer entstehen, manchmal zum Träu-
men.

Auch im mitentstandenen Sonnensystem leistete
die Sonne wertvolle Unterstützung.

Die wärmende Sonne sorgte für die positive Gestaltung und Weiterentwicklung.

So entfaltete die Erde sich, vor rund 3,6 Milliarden Jahren entstand erstes Leben.

Es waren einzellige Organismen, sie sind als erste Lebensform auf der Erde hervorzuheben.

Nun aber zu den Messdaten der Erde aus heutiger Sicht:

Der Umfang beträgt rund 40.000 km, die Oberfläche 510 Mio Quadratkilometer.

Die Landfläche misst nur rund 30%, die Wasserfläche jedoch 70%, ohne Gezeter.

Interessant ist die Nähe zur Sonne, die Erde ist hier fast 150 Mio km entfernt.

Sie hat die drittnächste Nähe zur Sonne nach Merkur und Venus ist damit glücklicherweise weiter entfernt.

Aber auch nicht zu weit, wie das Sonnensystem und das Leben auf unserer Erde aufzeigt.

Von den 8 Planeten im Sonnensystem ist die Sonnenentfernung der Erde optimal wohlgeneigt.

Merkur, Venus, **Erde**, Mars, Jupiter, Saturn, Uranus und Neptun sind die 8 Planeten,

dabei hat die Erde die bestmögliche Entfernung zur Sonne, das heißt vielschichtige Lebensformen sind vertreten.

Der Umfang der Erdbahn beträgt rund 140 Mio km, die Erde legt sie in 365 Tagen zurück,

also genau ein Jahr benötigt unsere Erde, ein bewundernswertes Meisterstück.

Der Durchmesser der Erde beträgt rund 12740 km mit einigen Kilometer-Wechselwirkung,

denn die Erde ist nicht gleichmäßig rund, von daher wenige km Unterschied in der Bemessung.

Die höchsten Meerestiefen liegen zwischen 10000 und 11000 m, rund 1/3 der Erdkrustenstärke,

aber die Erdkruste ist unterschiedlich zwischen 15 bis 50 km Maximalstärke.

Es wäre noch viel zu erzählen von dem Planeten Erde, der Leben ermöglicht, so von der Ozonschicht, die in 15 bis 30 km Höhe das Erdleben schützt, seit über 500 Mio Jahren kein Schutzhüllenverzicht.

Denn dieser gewaltige Schutzschirm schützt das Leben auf der Erde vor gefährlichen UV-Strahlen.

Die menschliche Vernunft muss stets schützend helfen (kein FCKW), sonst wird der Mensch die Zeche zahlen.

„Ich glaube, wir alle haben verstanden", warnt Bauer Ohle,

hebt sein Glas und sagt „Zum Wohle!"

Leben entsteht

Wir glauben zu wissen, dass vor 3 bis 4 Milliarden Jahren erstes Leben auf der Erde entstand,

es waren chemische Stoffe in einer Ur-Brühe oder in Tiefen des Meeres, die Erde war noch kein Wunderland.

Elementare einzellige Organismen halfen also bei der ersten Lebensentwicklung.

Aus den Einzellern entwickelte sich komplexeres Leben, eine Urahnenlebensbildung.

Das war vor rd.3,6Milliarden Jahren, die Entwicklung verlief weiter,

mehrstellige Organismen entstanden, eine weitere Entwicklungsleiter.

Dies alles vollzog sich in einer kaum nachvollziehenden 3 Milliardenjahreszeit.

Vor gut 550 Millionen Jahren bildete sich in der Atmosphäre die Ozonschicht, eine Besonderheit.

Damit wurde die Erde vor schädlichen UV-Strahlen geschützt, die Landeseroberungen von Lebewesen begann,

nun aber in diesem Zeitraum explosionsartig überwiegend Pflanzen- und Tierarten als Folgespann.

100 Millionen Jahre später breiteten sich Pilze und Pflanzen landesweit aus,

weitere 200 Millionen Jahre später waren es Säugetiere und Dinosaurier auf dem Erdenhaus.

Letzteres war also vor rund 230 Millionen Jahren, 80-100 Millionen Jahre danach fliegen saugende Insekten

Und zugehörig wachsende Blütenpflanzen, Zusammenhänge des Perfekten.

Nach Entwicklung der Primaten tauchte vor rund 7 Mio Jahren der menschliche Vorfahre auf.

Das menschliche Leben beginnt, nimmt in der Folge seinen Lauf.

Wissenschaftliches Teilwissen und religiöser Glauben liegen nicht weit auseinander,

denn es spricht Vieles für ein wohlwollendes Miteinander.

„So gesehen ist es Schöpfung," bekräftigte Bauer Ohle,

hebt sein Glas und sagt: „Zum Wohle!"

Lebensformen

In ihrer Daseinsform haben alle Organismen komplexe Eigenschaften:

Einige Merkmale des Lebens sind Stoff- und Energiewechsel, Wachstum, einiges zum Auskundschaften.

Wie Fortpflanzung, Reizbarkeit, Individualität, Veränderungsmöglichkeit des Erbgutes, Bewegung.

Auch der Besitz von Nucleinsäuren (DNA/ RNA) und Proteinen(Enzyme) sind Merkmale der Lebensbildung.

Auf der Erde leben also millionen-fache Tier- und Pflanzenarten,

die mit unterschiedlichsten Lebensweisen und – zeiten aufwarten..

Im Tierbereich haben wir u.a. kriechende, laufende, hüpfende, fliegende wie schwimmende Lebewesen

Und im Pflanzenbereich   u.a. Bodendecker,
Sträucher, Laub- und Nadelbäume wie Vorläufer
der späteren Feld- und Gartenanwesen.

Doch wie verschieden ist die Lebenspanne der
mannigfaltigen Arten,

wie z.B. Insekten, Kleintiere, Großwild, Luft- und
Wassertiere der Groben und der Smarten.

Oder die der Primaten, u.a. Menschen, Schimpansen oder Affen?

Die Lebensspanne der sehr unterschiedlichen
Lebewesen werden entsprechend auseinander-
klaffen.

„Und zwar gewaltig", nickt Bauer Ohle,

hebt sein Glas und sagt:" Zum Wohle!"

Pflanzen

Pflanzen sind formenreich, es gibt hunderttausende Arten dieser umfassenden Organismengruppe.

Hierzu zählen Algen, Farne, Moose und Samen, sowie die Pflanzentruppe.

Pflanzen bauen ihre Körpersubstanz aus anorganischem Material auf.

Dank des Sonnenlichts entwickelt sich diese Substanz und Wachstum nimmt seinen Lauf.

Dieser Vorgang (Photosynthese) sorgt u.a. für den Sauerstoffgehalt in der Atmosphäre,

und damit haben Tier und Mensch auf dieser Erde eine wunderbare Lebensfähre.

Die Lebensfähigkeit wird gesichert, Landschaftsbilder geprägt, oftmals ein Traum.

Algen sind eindeutig die Ursprünglichsten auf den Erdenraum,

So können einzellige Algen lockere Zellkolonien oder Zellfäden bildend sein.

Einige Gliederungen der Rot-,Grün- und Braunalgen haben ein geordnetes Vegetationskörperlein.

Anders bei den Samenpflanzen, hier hat der Vegetationskörper generell eine Gliederung:

Wie Wurzelsystem, Sprossenachse, Blätter in notwendiger Formenvielfalt und entsprechender Ausbildung.

Für den Menschen sind sie seit Millionen Jahren Nahrungs- und Rohstofflieferant,

und damit für Kleidung, Wohnen, Werkzeug wie Nahrungs- und Heilmittel relevant.

„Fürwahr ein Segen," sinniert Bauer Ohle,

 hebt sein Glas und sagt: "Zum Wohle!"

Tiere

Ursprünglich sind Pflanzen und Tiere durch gemeinsame einzellige Urformen entstanden,

also vor 3 bis 4 Milliarden Jahren und damit stammesgeschichtlich gesehen wohlerstanden.

Das Tierreich wird in einzellige und vielzellige Tiere unterschieden,

die sich verändernde Gesamtzahl der Tierarten zu nennen wurde vermieden.

Gegenüber vielen Pflanzen ist das Wachstum bei Tieren zeitlich begrenzt, hört irgendwann auf,

so, als wenn bei den Tierarten das Wachstum durch aufgebrauchte Zellen genormt, begrenzt für den Lebensverlauf.

Die Fortpflanzungsorgane liegen im Körperinneren, sie erzeugen Keimzellen.

Geschlechtlich wie ungeschlechtlich können bei Tieren Fortpflanzungen sichergestellt werden, so in Wasserwellen.

Bei Landtieren überwiegt die innere Befruchtung durch innere Organe für die Aufnahme und Übertragung.

Demgegenüber geben viele wasserlebende Tiere ihre Eier und Spermien ins Wasser, die andere Fortpflanzung.

Anders als Pflanzen können Tiere sich bewegen und sind mit Sinnesorganen (Nervensystem) ausgestattet.

Sie dienen zur Aufnahme von Reizen sowie leiten von Erregungen, vorausgesetzt sie sind nicht ermattet.

Schon früh haben sich Menschen Nutztiere als Haustiere herangezogen.

Darüber hinaus spannen sie für Menschen einen breiten Nutzungsbogen:

Wie Ernährung, Kleidung, Heilmittel und vielerlei Produkte nach Maß.

Doch sehr oft macht auch das Spielen und die Beschäftigung mit Tieren sehr viel Spaß.

„Wenn ich an meinen Rauhaardackel denke,“
lacht Bauer Ohle,

hebt sein Glas und sagt: „Zum Wohle!“

Primaten

Eine besondere Gliederung von Säugetieren nennt man Primaten.

Zu denen gehören u.a. Affen und auch Menschen, aufrecht geraten.

Doch wie verlief die Evolution unserer Primaten, also die Entwicklung?

Vor 50 Millionen Jahren begann dies mit dem Halbaffen, weiteren Affenarten in der Zuordnung.

Dann war es der Neuweltaffe vor 35 Millionen Jahren und der Altweltaffe vor 22 Millionen Jahren,

vor 15 Millionen Jahren entwickelte sich der Gibbon in der Tiergruppe, im Armen-Ast-Schwingen erfahren.

Zwei Millionen Jahre später hatten sich die Orang-Utangs entwickelt, in Asien

und 5 Millionen Jahre später die Gorillas in Zentralafrika, keine Utopien.

Vor 6 Millionen Jahren entwickelten sich die Schimpansen, also nur 2 Millionen Jahre später.

Im zoologischen System sind sie die nächsten und ältesten Verwandten, unsere Urväter.

Die Funde u.a. in Afrika weisen menschenartige Formen nach, so der ‚Proconsul africanus‘.

Diese Reste von menschenartigen Formen der genannten Funde ist für Forscher ein ‚Habitus‘.

Am Anfang der Entwicklungslinie, die zum werkelnden Steinzeitmenschen geführt hat,

ist der ‚Homo habilis‘. Seine Steinwerkzeuge waren aus Steinzeitsicht immer wieder eine Wundertat.

Genauso beim ‚Homo erectus‘, seine Körperhaltung ähnelte dem heutigen Menschen und er liebte bereits die Auswanderung.

Der Schädelbau des ‚Homo sapiens’ vor 100000 Jahren entsprach dem des heute lebenden Menschen, eine gute Entwicklung.

Belegt wird diese Aussage durch Skelettfunde u.a. in Afrika; er breitete sich nach Asien und Europa aus.

Hier vermischte er sich mit dem Neandertaler, der nahm aber vor rd. 30000 Jahren sein ‚Reißaus‘.

Er verschwand also und wurde vom ‚Homo sapiens‘ abgelöst, die Entwicklung zum modernen Menschen ging weiter.

In der ‚Primatenordnung‘ hat der moderne Mensch nur eine kleine Zeitspanne auf der Millionenjahr-Entwicklungsleiter.

Aber es sind die Menschen, die sich über den gesamten Erdball sehr bestimmend verteilt haben,

in kürzester Zeit sehr dominant, oft dem Erdball nicht dienlich, als Denker wäre ein wenig Demut besser als protziges Erhaben.

„Man braucht nur an Klimawandel und Gier denken", murrt Bauer Ohle,

hebt sein Glas und sagt: "Zum Wohle!"

Lebensalter

Das Leben auf unserer Erde kann Minuten, aber auch viele Jahre dauern.

Beginnen wir mit der kleinen Einheit, Minuten, um das Alter des Lebens in unterschiedlichen Zeiteinheiten zu untermauern.

Hier gehören Mikroorganismen, die aber auch Stunden oder einige Tage leben können.

Die Eintagsfliege, Motten, Milben, selbst diese kurze Lebenszeit werden Menschen ihnen nicht gönnen.

3 Wochen bis 9 Monate werden Stubenfliegen, Wespen, Bienen, Schmetterlinge, Fliegenpilze alt, die bringen Gefahr wie Freude in und ums Haus.

Bis 12 Monate leben Glühwürmchen, Dachse, Ameisen, Erdbeeren und die Beutelmaus.

1 bis 2 Jahre beträgt die Lebenszeit von Marienkäfern, Rotkelchen, Kraken,

wie auch Füchsen, Petersilie, Fasanen, Fingerhut und auch die nicht beliebten Kakerlaken.

Bis 5 Jahre können Asseln, Polarfüchse, Passionsblumen, Blutegel alt werden,

aber auch Seepferdchen, Ratten, Kröten und Maulwürfe mit vielschichtigen Tastorganen zum Wühlen in Erden.

Rund 10 Jahre Lebenszeit haben Tiger, Wölfe, Hirsche, Kolibris, Krabben wie Stachelschweine,

doch auch Eulen, Himbeeren, Kugelfische, Piranhas, Hühner Pinguine Frettchen hängen an der Zehnjahresleine.

Bis 20 Jahre werden Erdmännchen, Hunde, Geparden, Schafe, Ziegen, Rentiere, Löwen, Schlangen,

über 20 Jahre bis 30 Jahre können Bären, Adler, Japanische Kirschen, Kängurus, Zebras, Pferde, Lamas und Rinder erlangen.

Bis 40 Jahre erreichen Robben, Albatrosse, bis 50 Jahre Nashörner, Dromedare, Flusspferde, Tümmler, Menschenaffen wie Wale.

Bis 60 Jahre werden unter anderem Bambus und Weide, bis 70 Jahre Salamander wie Elefanten alt und noch kein Finale.

Bis 80 Jahre erreichen Aale, Rosskastanien, Papageien, wie Lederschildkröten, rund 90 Jahre Kokosnusspalmen und Hummer,

Auch Menschen können diese genannten Jahre oder höhere erreichen ohne und mit Kummer.

Bis 100 Jahre werden Krokodile, Termiten, Anemonen wie Riesenmuscheln,

bis 200 Jahre werden Seeigel, Feigenbäume, Palmen und Kois alt, aber nicht zum Kuscheln.

300 Jahre werden Pekanbäume, 400 Jahre der Zuckerahorn und Königseukalyptus, über 500 Jahre Sumpfzypressen.

Mehr als 1000 Jahre Eichen, Mammutbäume (bis zu 3000 Jahre), Ginkgos(bis 4000 Jahre), vom Ginkgo wird der Samen abgekocht und gegessen.

5000 Jahre und älter werden Fichten, über Klone verjüngt, desgleichen die buschblättrigen Heidelbeeren (9000 bis 13000 Jahre), die Zitterpappel (bis 80000 Jahre), alles verjüngt über Klone im Alter.

Doch es gibt noch verstärkte Höhepunkte des Lebensalters: Organismen in Bergkristallen oder ewigem Eis. Sie können schon tausende bis Millionen von Jahren leben im so genannten Lebenserhalter.

Bei den millionenfachen Tier- und Pflanzenarten konnten nur beispielhaft einige innerhalb der vorgegeben Lebenszeit

und bisherigen Erkenntnissen angegeben werden, im Vergleich zur milliardenjährigen Entwicklung nur eine Gnadenzeit....

„Hat schon Wilhem Busch erkannt: Eins zwei drei im Sauseschritt, läuft die Zeit, wir laufen mit!" lacht Bauer Ohle,

hebt sein Glas und sagt: "Zum Wohle!"

Gedankensplitter von Bauer Ohle

Wenn man die Anzahl der Jahre in ‚tausenden‘, ‚millionen‘, gar ‚milliarden‘ liest, die zu unserem wertvollen Erdball u.a. festgeschrieben sind, stärken sie den Glauben.

Pflanzen, Tiere, Menschen, unsere Artenvielfalt ist so vielschichtig, dass man staunend vor immer neuen Wundern steht, die sprachlos machen.

Bei einem Vergleich der Größenordnungen des Lebens, bleibt der sonst gehörte allgemeine Vergleich bei gewaltigen Unterschieden „wie die Mücke zum Elefanten", nur eine Redewendung.

Die besondere Überraschung ist das Zeitverhältnis des „Homo sapiens"(er hatte die Körperhaltung des heutigen Menschen) zu allen übrigen Lebensentwicklungen der Primaten. Erst seit

100000 Jahren gibt es den Menschen, demgegenüber stehen Mio Jahre der Entwicklung der Primaten. Irgendwie ist der Mensch noch ein „junger Spund" in dieser ‚Liga'.

II.Entwicklungen

Wenn man sich kulturgeschichtlich von dem Dreiperiodensystem Stein-Bronze-Eisen leiten lässt, begann die ältere Steinzeit rund 550000 v.Chr.. Die weitere Entwicklung richtet sich nach den Rohmaterialien, aus welchen u.a. Werkzeuge oder Waffen hergestellt wurden. Die Bronzezeit begann nach der Steinzeit rd. 2200 v. Chr., die Eisenzeit rund 1000 v. Chr. Bis zur Industrialisierung entwickelte sich die gewerbliche Produktion über das Handwerk. Die Vorreiter der Industrialisierung oder auch aufzeigende waren Mühlen, die mit Wasser- oder Windkraftangetrieben wurden. Die eigentliche Industrialisierung begann mit der Erfindung der Dampfmaschine Ende des 18. Jahrhunderts; Erfinder war 1769 James Watt. Gut 200 Jahre später, Ende des 20. Jahrhunderts, begann die digitale Revolution, zurzeit erleben wir sie als Realität.

Die Zeitläufe dieser produktiven Entwicklung haben sich extrem verändert, von lang-kurz-kürzer-immer kürzer.

So beginnen Bauer Ohles Erzählungen mit leichten Worten,

aus der Stammtischrunde und anderen Orten:

Allgemein

Der Mensch entwickelte sich mit seiner Umgebung in tausenden von Jahren,

so hat das menschliche Umfeld manch wechselhafte Veränderungen erfahren.

Ob Pflanzen, Tiere, Geräte, Fahrzeuge, fast in allen menschlichen Bereichen,

da überrascht es schon, bei den nachfolgenden Früher-Heute-Vergleichen:

Plumsklo's verwandelten sich in Toiletten mit Wasserspülung.

Jauche in den Straßenrinnen verschwanden durch die Kanalisationsdurchspülung.

Hölzerne Zuber wurden ersetzt durch Dusche oder Badewanne,

Trinkwasser aus Quellen oder Brunnen übernehmen Wasserleitungen, nun keine Wasserkanne.

Öldochte, Kerzen, Petroleumlampen verschwanden, Elektroleitungen und Glühbirnen übernahmen.

Offene Feuerstellen, warme Kuhställe, nun ÖL-, Gas- und Elektroherde oder Heizungen, die kamen.

Schlafstätten auf Holz und Stroh haben sich in Matratzenbetten verwandelt,

Fell- und Tuchgewänder sind verschwunden, Modelkleidung mit chemischen Fasern werden gehandelt.

Aus Lehm- oder Steinböden wurden Parkett-, Laminat oder Teppichböden.

Von Langhäusern zu Fachwerk-, Steinbauten, Hochhäusern oder wieder zu ökologischen Holzhäusern, den wertvoll-spröden.

Einst Fensterluken aus Fellen, nun wärmende Doppelglasfenster.

Freilaufende Tierhaltung ändert sich häufig in Massentierhaltung, Vernunft sieht Gespenster.

Handgeschriebene Pergamentblätter hat der Druck, nun bereits Digital-Technik übernommen.

Manuelle Geräteherstellungen wurden längst von automatischen, computergesteuerten Produktionen gewonnen,

Aber – die aufgezeigten Entwicklungen sind nur winzige Bruchteile der Veränderungen,

millionenfache Ideen der Menschen haben diese Veränderungen errungen.....!

„Und die Zeiträume der Entwicklungen werden immer kürzer," ergänzt Bauer Ohle,

hebt sein Glas und sagt: „Zum Wohle!"

Landfahrzeuge

Unsere Vorfahren nutzten das Pferd für Landwirtschaft und schnellere Fortbewegung,

also zum Pflügen, Eggen, Reiten und mit Wagen
zur Beförderung.

Vor rund 150 Jahren begann die Entwicklung
des Verbrennungsmotors, hier von Otto,

im Jahre 1878 war dies wie heute ein Hauptge-
winn im Lotto.

10 Jahre später waren Benzin-Motordreirad und
Motorkutsche herangewachsen,

aber alles noch in den Anfängen, verglichen mit
späteren Jahren alles sehr durchwachsen.

Doch dann kam weitere 10 Jahre später der Die-
selmotor, die Autoindustrie wuchs rasant,

das Produkt Auto entwickelte sich zum Liebling,
wurde elegant dominant.

In der Landwirtschaft hatte das Pferd ausge-
dient, Traktoren übernahmen,

der Erleichterung dienlich, doch es lässt sich nicht alles positiv einrahmen.

Fahrräder, Motorräder, Autos Behindertenfahrzeuge, Roller u.a werden oder sind inzwischen E-Fahrzeuge.

Beim E-Stadtroller benötigt man zwar Gleichgewicht, aber keine bewegliche Kniebeuge.

Früher war er ein Kinderroller, mit Treten-Kniebeugen und Gleichgewicht halten wie Standbein,

heute liegt er auf Fußwegen in Großstädten, mietbar über Smartphone als E-Roller-Stelldichein.

Gras in den Gärten wurde erst mit der Sense, dann mit Handgrasmäher, später mit Motoren gemäht.

Heute übernehmen Grasmäher-Roboter die Gartenarbeit, von Menschen nicht geschmäht.

Die Zukunft wird neue Energien und Steuerungen digitalisieren, schon heute kann man es ziemlich sicher vorausschauend analysieren:

Die künftigen Autos und Traktoren können digital, ja führerlos gesteuert werden.

Wer sich das vorstellt, bekommt jetzt schon leichte Magenbeschwerden!

„Die Zukunft wird es uns lehren, "lächelt Bauer Ohle,"

hebt sein Glas und sagt: "Zum Wohle!"

Schienenfahrzeuge

Die ersten Schienenfahrzeuge gab es wohl im Bergbau,

und die erste Eisenbahn auf Schienen mit Dampflokomotive fuhr 1835 auf neuem Streckenbau.

Zwischen Nürnberg und Fürth. In den nächsten vierzig Folgejahren

entstanden 12 Staatsbahnen, die konnten trotz Reichsgründung von 1871 bis April 1920 so weiterfahren.

Am 1.4.1920 entstand regelnd über einen Staatsvertrag die Deutsche Reichsbahn.

Die Zeit der Holzbänke in Personenzügen, aber ausgelastet wie auch die Güterzüge, ein wirtschaftlich guter Plan.

Nach dem Krieg 1945 gab es eine Übergangslösung bis 1949, die Teilung sah man nahen,

im Westen die BRD, im Osten die DDR, auch bei der Eisenbahn wollte man neue Namen bejahen.

Nun gab es Deutsche Bundesbahn im Westen
als Ergebnis der Teilung,

und die Deutsche Reichsbahn im Osten, es
zeigte mehr als deutlich die Rollenverteilung.

Nach der Wiedervereinigung benötigte es noch
einige Jahre, aber dann

wurde ein privatwirtschaftliches Unternehmen
aus dem Teilungsgespann.

Aus den Bahnen DB und DR war vom 1.1.1994
die Deutsche Bahn AG entstanden.

Beide Bahnen hatten zuvor Milliardenverluste
eingefahren, man hatte wohl verstanden.

Die Dampflok als Zugpferd war oder wurde abgelöst durch die Elektrifizierung.

Auch digitale Steuerungen hielten Einzug, ein
umweltfreundliches Unternehmen, auch bei Um-
orientierung.

Doch jahrelange Verlagerungen der Güter von
der Schiene auf die Straße

war der Umwelt gegenüber feindlich, eine un-
überlegte, ja unkluge Anmaße.

Der Personenverkehr mit seinen modernen, ja
schnittigen Zügen hat den Zuspruch der Bevölkerung,

hilft somit der Umwelt, doch die Pünktlichkeit be-
darf der Verbesserung.

„Ich glaube im Güterverkehr hat die Politik ge-
schlafen," meint Bauer Ohle,

hebt sein Glas und sagt: "Zum Wohle!"

Wasserfahrzeuge

Schwimmende Hilfsmittel gab es vermutlich schon zur Zeit der Primaten,

z.B. schwimmende Baumstämme, man brauchte nicht mehr durchs Wasser zu waten.

Im Laufe der Zeit entwickelten Menschen Einbäume, Flöße, Boote, auch um Güter zu transportieren.

Sie dienten zusätzlich dem Fischfang, Gütertausch, der Entdeckung, um sich zu orientieren.

Irgendwie war es geruhsamer, aber rauher vor der Industrialisierung,

ob Fracht- oder Kriegsschiffe, ob mit Rudern oder Segeln, ob mit oder ohne diese Hilfsregulierung.

In tausenden von Jahren waren es Segelschiffe, die die Weltmeere beherrschten,

bis dann die industriell gefertigten Schiffe gebaut wurden, sie waren die schwersten.

Vor allem wurden diese Schiffe immer größer, die Anzahl nahm stetig zu,

viel schlimmer ist nun die Meeresverschmutzung u.a. Plastikmüll, Ölrückstände belasten ohne Tabu.

In unterschiedlichen Zeitabschnitten haben Menschen einiges neu entwickelt und organisiert.

So entstanden in den letzten Jahrzehnten Traumschiffe, denn sie sind als Kreuzfahrtschiffe für Traumreisen prädestiniert

Leider sind sie Umweltsünder, groß wie für Menschen einer Kleinstadt gebaut,

und entsorgen ihre Abfälle direkt/indirekt, der Fischwelt oder anderen Lebensformen graut....

„Wat fürn Schiet" schimpft Bauer Ohle,

hebt sein Glas, setzt es ab, murrt:"Nicht zum Wohle !"

Luftflieger

Die Vogelwelt hat den Menschen schon in Vor-
zeiten interessiert,

mancher ist auch vom Pferd oder Kamel geflogen, Hauptsache es ist nichts passiert.

Zeichnungen von Leonarda da Vinci, Versuche
des Schneiders von Ulm vor mehr als 100 Jahren

zeigen auf, die Zeit war noch nicht reif, die Ge-
dankenwelt noch unerfahren.

Aber Ende des 19.Jahrhunderts war es Otto Lili-
enthal mit seinem Bruder mit der Versuchsfliege-
rei,

Anfang des 20.Jahrhunderts die Brüder Wright,
sie schafften es 1903 mit dem „Vogelfrei".

Noch im gleichen Jahrhundert baute die Flug-
zeugindustrie erst Propeller, dann Düsen als An-
triebsbeschleunigung.

Düsen-Jets überbrücken entfernte Ziele mit großer Sicherheit, für Fluggäste eine Beruhigung.

Allein auf deutschen Flughäfen landen und starten hunderte Millionen Flugpassagiere,

ob Kurz- oder Langstrecken, Geschäftsreisen oder Urlaubsflüge,ein rasanter Anstieg und man konstatiere:

Erhöhter Flugverkehr bedeutet erhöhte CO2-Emissionen; klimaschädliche Abgase, eine verheerende Klimaschädigung.

Doch können Fluggäste auch nur annähernd z.B.an Klimaerwärmung denken oder eine andere Auswirkung?

Wohl kaum, denn in wenigen Stunden erreicht man seinen Geschäftsort oder sein Urlaubsziel,

sehr sicher, bequem und schnell und nicht in Tagen und Wochen wie bei unseren Vorfahren mit Pferdewagen und Peitschenstiel.

Auf kurzen Strecken könnte der ICE-Verkehr auf Schienen aber mit Pünktlichkeit konkurrieren.

Doch Kurzziele mit dem Flugzeug zu erreichen ist eine positive Gewöhnung, lässt kaum Platz, sich neu zu orientieren.

Segelflieger sind zwar klimafreundlich, aber hier handelt es sich um Hobby- und Sportfliegerei.

Ganz anders die Drohnen, ob unbemannt oder eines Tages bemannt, ist zukünftiges ‚Vogelfrei'.

Mit Hilfe der Digitalisierung werden sie unbemannt transportieren,

und bald werden Drohnen u.a. als Lufttaxi mit den Straßentaxis konkurrieren.

Zu nennen bleiben noch die Raumflugkörper, so die internationale Raumstation (ISS) für Forschungszwecke

wie auch die Satelliten - die uns digitales Telefonieren, Internet, Surfen und Fernsehen ermöglichen - mit ihrer Flugstrecke...

„Die Zukunft wird Überraschungen präsentieren", sinniert Bauer Ohle,

hebt sein Glas und sagt: "Zum Wohle!"

Rundfunk

Vor rund 100 Jahren wurden die ersten Rundfunksender gebaut,

sie übertrugen Nachrichten und Musik, allen ver-
traut.

Grundlagen waren die 1888 von H. Hertz nach-
gewiesenen magnetischen Wellen,

die später dann die ersten Nachrichten wie Mu-
siksendungen sicherstellen.

An der Weiterentwicklung haben weltweit nam-
hafte Wissenschaftler geholfen

und zu dem heutigen Stand des Hörfunks letztlich verholfen.

Rundfunkgeräte (Radios) empfangen und geben
Nachrichten wie Musikklänge wieder,

wurden auch ‚Wohnmöbel' und damit zur Abwechslung mancher Familienmitglieder.

1920 Rundfunksender, 1950 UKW,1960 Stereo,
1990/91 digital,

hunderte von Sendern und Sendungen, der Hörer hat die Wahl.

Der Hör-Rundfunk (Radio) übermittelt Sprache und Musik.

Die Musik überwiegt, aber auch Nachrichten mit viel Politik.

Der Fernseh-Rundfunk (Fernsehen) übermittelt zusätzlich die 'laufende Bebilderung',

das Fernsehen zunächst mit Röhre, dann die digital rasante Entwicklung.

Diese Weiterentwicklung des Hörfunks wurde ein Renner, ein ,in die Glotze gucken',

mit den neuesten Techniken (u.a.HD) eigentlich noch fesselnder, ,ein gespannt im Sessel hucken'....

„Die Gefahr wechselnder Meinungsmache", lächelt Bauer Ohle,

hebt sein Glas und sagt: „Zum Wohle!

Fernsehen

Vorläufer für die Erfindung der Fernsehbilder waren hell-dunkle Signale,

erfunden 1883 von Paul Nipkow mit einer rotierenden Scheibe, gelöchert wie eine Spirale,

genannt Nipkow-Scheibe, patentiert als seine Erfindung

für das ‚'elektrische Teleskop' und folgerichtiger Erweiterung.

Dann, vor 90 Jahren, im Jahre 1930 zu Weihnachten

gelang es erstmals auf der Welt, Fernsehen zu betrachten.

Diese vollelektronische Fernsehübertragung war Manfred von Ardenne geglückt,

hatte mit einer Kathodenstahlröhre kleine DIN A5 –Bilder gezeigt, war in den Blickpunkt gerückt.

Bereits auf der Funkausstellung 1931 stellte er sein Verfahren vor,

die Weltpresse horchte auf, man schrieb und war ganz Ohr.

Doch erst ab 1935 übernahm ein deutscher Sender in Berlin,

für rund 250 Empfänger regelmäßige Sendungen, noch keine Doktrin.

Bereits 1936 begann England mit den Fernsehsendungen,

dann folgte 1937 Frankreich, 1939 die USA und 1954 ist auch Japan angesprungen.

Der Zweite Weltkrieg unterbrach in Deutschland die Entwicklung.

Ab 1950 gab es Versuchsprogramme zur Startermöglichung.

Der Fernsehbetrieb wurde aber erst 1952 im zweigeteilten Deutschland wieder aufgenommen.

Die Krönung in England und Fußball-Weltmeisterschaft hießen das Fernsehen willkommen!

Nachdem 1952 die ARD, startete 1963 das ZDF den Fernsehbetrieb in schwarz-weiß.

Erst 1967 kam das **Farbfernsehen** trotz Entwicklungsfleiß.

1984 rief ‚in den Kasten schaun' das **Privatfernsehen** auf den Plan,

Werbefernsehen wurde ein ‚finanzielles Kontrollorgan'.

Nur 7 Jahre später nutzte das Bezahlfernsehen die Situation,

Fernsehen mit kostenpflichtigem Vertrag und gegliederter Präsentation.

In den ersten 10 Farbfernsehjahren wurden in Westdeutschland 11 Mio Fernseher gekauft.

Sie waren teurer als in der heutigen Zeit, bei gut 1000 DM hat so mancher geschnauft.

Über **Satellit** und Kabel wurden die Sendungen empfangen,

zunächst waren sie **anlalog** (stufenlos) später und stetig mehr **digital** (in Ziffern) zu erlangen.

Inzwischen sehen wir hochauflösendes Fernsehen (HD-TV), eine rasende Entwicklung.

Digital macht es möglich, aus DVB-T wurde DVB-T2, die HD-Qualitätserweiterung.

„Eine rasende Entwicklung auf dem Bildschirm,“ bemerkt Bauer Ohle,

hebt sein Glas und sagt: „Zum Wohle!“

Computer

Was wären wir ohne Computer wird mancher denken.

Laptop wie Smartphone begleiten fast jeden, beginnen uns zu lenken,

Das Wort kommt aus dem Lateinischen, heißt ‚computare‘,

übersetzt, zusammenrechnen(computo-abrechnen), dann Wechsel nach England als Wortexportware.

‚Computer‘ wurde anfänglich als Berufsbezeichnung für ‚Berechner‘ gebraucht,

vom Ursprung des Wortes bis zur Entwicklung des PC's wurde viel Energie verbraucht.

Entwickler,Tüftler, kurzum, der Erfinder war Konrad Zuse,

er entwickelte 1941 den ersten Computer, seine Muse.

Zuvor gab es Vorläufer, wie Rechner schon im Mittelalter

Oder vor fast 90 Jahren (1935) die Lochkartenmaschinen wie technische Buchhalter.

Dann die ersten EDV-Anlagen von IBM in den 50er/60er Jahren, sie mussten noch gekühlt werden,

diese elektronischen Datenverarbeitungsanlagen brauchten große Räume, bekamen aber schnell Altersbeschwerden.

In den 50er Jahren wurden Relais und Röhren durch kleinere Transistoren ersetzt,

aber in den 1970er mit dem Mikroprozessor die Zukunft für den kleinen Computer gesetzt.

Die Entwicklung der Verkleinerung des Computers vollzog sich schnell,

‚Mappenformat' hieß es künftig, weg von dem gekühlten Computergestell.

In den 1980erJahren waren es im Hardware wie Software-Bereich

junge Tüftler, die PC-Generationen revolutionierten, einfallsreich, wie einflussreich.

Steve Jobs, Steve Wozniak für Apple und Bill Gates für Microsoft,

letzterer entwickelte die fehlende Software nicht unverhofft.

Mit seinen Betriebssystemen DOS und Windows erhielt der Markt die Software,

und Bill Gates aus der Tüftler-Garage schwamm im Geld und wurde Vielfach-Milliardär-

Heute sind die PC's handlich, kleiner und leistungsfähiger u.a. mit Namen Notebook/Laptop,

sie fehlen in keinem Haushalt, sind schon unentbehrlich, einfach top.

„Nur die Datensicherheit ist in Gefahr," grollt Bauer Ohle,

hebt sein Glas und sagt: „Zum Wohle!"

Smartphone

,In der Kürze liegt die Würze‘, passt auch zur Smartphone-Entwicklung.

Vor 27 Jahren, also 1993 war IBM-Siemens die erste Bescherung.

1996 stellte man mit NOKIA 9000 bereits HTML-Webseiten dar.

1999 brachte Toshiba als weiterer Vorläufer das Camesse, wie ein Handy mit Kamera
als Star.

Doch der wirkliche Star kam 2007 von Apple mit I-phone heraus,

dieses Smartphone hatte IOS als Betriebssystem, ein Ohren- und Augenschmaus.

Aber die Konkurrenz schlief nicht, 2008 brachte Google das Android-Betriebssystem auf den Markt,

inzwischen waren Gestaltung wie Funktionen bei allen Smartphones erstarkt.

So eroberten Smartphones den Weltmarkt mit Samsung, Apple, Motorola, LG und noch mehr,

Handys als Mobiltelefone wurden verdrängt, die Smartphone-Kurve ging nach oben, zeigte das Begehr.

In den Folgejahren boomte der Smartphone-Absatz, Marktführer wurde Samsung.

Das Smartphone von heute bietet mit seinen Betriebssystemen überraschend vielschichtige Abwechslung.

Inzwischen ist es das beliebteste Werk- wie Spielzeug für Jedermann,

fehlt in keiner Hand, zieht Weiblein wie Männlein in seinen Bann.

Doch erste Kritiken zeigen auch Negativ-Schlagzeilen auf,

wie Zeitfresser, Unfallverursacher, Datenmissbrauch, gefährlicher Müll zu hauf.....

„Aber dieses digitale Wunder in 25 Jahren!?",staunt Bauer Ohle,

hebt sein Glas und sagt: „Zum Wohle!"

Gedankensplitter von Bauer Ohle

Wenn ich mir die Entwicklung in der Landwirtschaft anschaue, stelle ich fest, dass die rasanten Veränderungen in Ställen und auf den Feldern vor allem vom Zeitpunkt der industriellen Revolution an begann, also vor 200 Jahren.

Natürlich waren und sind Traktoren hilfreich, genauso andere fahrende Landmaschinen, doch mit den zu bearbeitenden Ackerböden gingen Pferde erheblich behutsamer um.

Alle Straßen-, Luft-, wie Wasserfahrzeuge müssen sich umweltfreundlich verändern, Schienfahrzeuge sind dagegen seit langem der Umwelt freundlich gesonnen.

Inzwischen haben wir die digitale Revolution schon seit gut 30 Jahren, eine völlig neue „Kragenweite", die wohl alles ein wenig schlanker, kleiner, ja handlicher macht. Und - zu einem hohen Anteil sind die ‚0' und ‚1' die Wegbereiter.

III.Historisches

Bei diesen Erzählungen aus historischen Zeiten wird deutlich, wie klug und ideenreich Menschen ohne Industrialisierung oder Digitalisierung auch damals waren.

Oft sind es Kleinode, die auf sich aufmerksam machen, nicht zuletzt, weil sie auch als Kostbarkeiten entsprechend hoch gehandelt werden.

Besonders berührt die Geschichte des jungen Mannes Guido in unserem Zeitalter. Er trat in die Fußstapfen eines berühmten Klosterbruders, baute sich ‚Handwerkliches‘ der damaligen Zeit z.T. nach, um kostbar funkelnde Kunstwerke zu zaubern (s. Goldschmiedekunst).

Geschichten, die das Leben schrieb, doch verständlicherweise unter ‚Historisches‘ eingeordnet wurden.

So beginnen Bauer Ohles Erzählungen mit leichten Worten,

aus der Stammtischrunde und Schilderungen von anderen Orten:

Klosterblüte

Es ist die Geschichte eines landesweit bekannten Klosters aus vergangener Zeit,

genauer aus der Zeit des Hochmittelalters und der beachtlichen Klosterarbeit.

Es handelt sich um das Kloster Helmarshausen im 12.Jahrhundert,

Thietmar II. begründete die Blütezeit, sie wurde landesweit bewundert.

Er holte Mönch Rogerus (Theophilus) aus Köln in sein Klosterreich,

der schrieb die **Schedula**, aber in drei Bänden und an Lehren reich.

Themen waren u.a. Buchmalerei, Schriften wie Goldschmiedekunst:

Die Mönche in den Kunstwerkstätten lernten und werkelten mit Inbrunst.

Vor allem erhöhten sich die Arbeitsaufträge
für das Kloster rasant,

fast alle Mönche fühlten sich inzwischen wie
in einem Zauberland.

Heinrich der Löwe bestellte ein **Evangeliar**,
gemalt von Mönch Herimann,

der Mönch malte über viele Monate, kunst-
voll, die Zeit rann.

Inzwischen ist es bekannt als das 1983 er-
steigerte teuerste Buch der Welt.

Erworben wurde es bei Sotheby's in London
für 32,5 Mio DM als Ersteigerungsentgelt.

Heute gibt es das Kloster nur noch in Umris-
sen gepflastert und Restbauten,

aber das Klostergelände wird gehegt und ge-
pflegt, kein Verunkrauten.

Die beiden bekanntesten Mönche Rogerus
und Herimann,

stehen nun als lebensgroße Bronzefiguren
für jedermann

auf dem Klosterareal, sie sollen für Ortsansässige wie Besucher zu sehen sein,

um Schaffenskraft des einstigen Klosters zu präsentieren wie ein Markenstein.

Rogerus entwickelte mit seinen Lehrbüchern den Schaffensrahmen,

Herimann schuf rund 70 Jahre später das teuerste Buch der Welt, ohne es zu ahnen.

Die Kunstwerke aus dem Kloster Helmarshausen sind weltweit in Museen, Kirchen, Bibliotheken noch zu finden.

Wie gut, dass es diese Aufbewahrungen gibt und diese wertvollen Kunstwerke nicht einfach verschwinden.

„Antike Kostbarkeiten", sinniert Bauer Ohle,

hebt sein Glas und sagt: „Zum Wohle!"

Goldschmiedekunst

Rund 900 Jahre nach Mönch Rogerus Eintritt
in das Kloster Helmarshausen

hat der junge Guido Graeff mit 25 Jahren
hochmotiviert und ohne Flausen

die Fußstapfen dieses Mönches gesucht und
gefunden.

Er musste dafür die historischen Techniken
des Rogerus aus seinen Lehrbüchern erkun-
den.

Geweckt wurde sein Interesse durch den Vater, der gefundene Edelsteine selbst schliff.

Wie der Vater so der Sohn, Guido begann zu
schleifen, gekonnt mit manchem Kunstgriff.

Als Autodidakt eignete er sich die hochmittel-
alterlichen Kunsttechniken an.

Der Helmarshäuser las die Lehrbücher des
Rogerus (Theophilis) und ging richtig ran.

Zwei Kunstwerke sind hervorzuheben, das Reliquienkreuz und Scheibenkreuz als Vorbilder.

Auf Ausstellungen empfanden Sachkenner diese Kunstwerke wie Originale und nicht als Abbilder.

Historiker erkannten: ein junger Mann, der alte Techniken entdeckte und verwirklichte.

Seine Juwelierarbeiten zauberten Kunstwerke wie vor 900 Jahren, wurden zur Heimatgeschichte.

Aber Guido hatte im Selbststudium die Hochmittelaltertechniken des Rogerus tiefgründig erlernt,

hatte somit für sich die letzten Arbeitsvorgänge filigraner Techniken entkernt.

Jeweils 2 Jahre benötigte er für das Reliquien-wie Scheibenkreuz herzustellen,

schuf häufig Materialien, z.B. Goldleim oder Werkzeuge selbst her entsprechend der Rogerus-Quellen.

So durften in Ausstellungen die Kunstwerke vergangener Zeiten funkeln,

und manchen Besucher hörte man beim Bestaunen der Guido-Werke munkeln:

„Das konnten Mönche schon vor 900 Jahren?" mit staunendem Blick,

ja dank der Vorzeige-Kunstwerke des Guido und seines phänomenal-aufopfernden Geschick.

Als beruflicher Anlageführer hat Guido mit seinem Hobby etwas Besonderes geschaffen, ja von Historie angetrieben,

alle Kunstwerke entsprechen höchster Juweliersqualität, so wie von Rogerus vor 900 Jahren beschrieben.

Die Presse berichtete u.a. 2001, 2005 über seine bestechenden, ja feinsten Juwelierarbeiten,

die genauso vor 900 Jahren gelehrt, wieder auflebten und nun wohl nicht mehr weiterschreiten;

denn Guido hat mit 50 Jahren urplötzlich diese Welt verlassen.

Fraglich bleibt, ob jemand die Tiefgründigkeit und Kraft aufbringt, um sich mit historischer Goldschmiedekunst so zu befassen.

„Schade um dieses Goldgenie, "murmelt Bauer Ohle,

und sagt: „Was Guido geleistet hat, drum zum Wohle!"

Die 10 teuersten Bücher der Welt

Heute im digitalen Zeitalter gibt es bereits das
E-Buch,

aber auch das Buch im Druckverfahren, ganz
ohne Fluch.

Doch wie war es früher, vor Gutenbergs Erfindung,

also vor dem 15. Jahrhundert und ohne diese
Druckverbindung?

Vor dem 4. Jahrhundert schrieb man auf Pa-
pyrusrollen,

danach von Rollen in den Kodex, ohne zu
schmollen,

eine Sammlung von Gesetzen und Hand-
schriften in Buchform,

insofern Schriftliches durch Buchmalerei
ohne feste Norm.

Eine berühmte Schrift der Buchmalerei aus
Mittelalterszeit,

erzielte Millionen auf Auktionen für die Meisterarbeit.

Nachfolgend einige der teuersten Bücher der Welt:

Nr.1 ist der ‚**Codex Leicester'** von L.d.Vinci als denkender Schreiber-Held.

Gekauft von Bill Gates im Jahr 1994 für 30,8 Mio Dollar,

eine stolze Summe seinerzeit, fast unvorstellbar.

Inhaltlich zeigt L.d.Vinci erstmals auf, dass es sich beim Mondschein

um Sonnenlicht handelt, das die Erde reflektiert, lupenrein.

Außerdem zeigt es noch Anleitungen zum Kanalbau auf,

aber nicht der Inhalt (Spiegelschrift), sondern der Codex war der begründete Kauf.

Nr.2 ist das **Evangeliar Heinrichs des Löwen,** gemalt im Kloster Helmarshausen.

Sein Schöpfer war Mönch Herimann, malte
ohne Flausen, aber mit Sausen.

Ersteigert wurde es im staatlichen Auftrag
von einem Bankier

in London bei Sothebys, der Bankier Abs war
ein Routinier.

Doch aus der geplanten, auch erhofften

8 Mio DM-Ersteigerung

wurden 1983 32,5 MIo DM (damals 28 Mio
Dollar) Gegenleistung.

Das Original liegt in der Bibliothek von Wol-
fenbüttel zur Präsentation,

im Geburtsort Helmarshausen liegen in der
Klosterkirche und im Heimatmuseum je eine
Reproduktion.

Es folgt **Nr.3**, die **Magna Charta**, 2007 von D.
Rubinstein

für 21,3 Mio Dollar (20,1 Mio Euro) ersteigert mit historischem Bewusstsein.

Nr. 4 ist das **St. Cuthbart Evangelium**, 2011 erstanden

für 15,1 Mio Dollar(13,4 Mio Euro),

private Spender hatten verstanden.

Nr. 5 ist der **Bay Psalter**, 2013 von Rubinstein

für 14,5 Mio Dollar (13,3 Mio Euro) gekauft im Nationalbewusstsein.

Es folgt **Nr.6**, das **Rotschild Gebetbuch,** 2014 von K. Stokes erworben

für 13,9 Mio Dollar (13,6 Mio Euro), zuvor von Kennern umworben.

Nr.7 ist das Set der **Birds of America**, 2010 von M. Tollemacher

für 12,6 Mio Dollar (10,8 Mio Euro) gekauft, für ihn eine bildliche Vogelwache.

Nun zur **Nr.8**, **The Canterbury Tales**, 1998 ersteigert

für umgerechnet 7 Mio. Euro, ein überraschender, gedruckter Erstausgabenwert.

Nr.9 ist **Shakespeares Folio**, erste Dramengesamtausgabe

für 5,6 Mio Euro von P.Allm erworben, keine Sozialabgabe.

Nr.10 ist die **Gutenberg-Bibel** ,1987 von ursprünglich 180 Exemplaren ersteigert

von den Verbliebenen ein Buch für umgerechnet 4,6 Mio Euro, und nicht verweigert.

Die teuersten Bücher der Welt sind vorwiegend in Malerwerkstätten der Mönche entstanden.

Die Erlöse für diese historischen Meisterwerke sind nicht zu beanstanden.

Rund 150 Mio Euro haben die 10 teuersten Bücher der Welt eingebracht, im Grunde genommen kämen sie ausnahmslos für Bibliotheken wie Museen in Betracht.

Irgendwie ist die auf hohem Niveau 7-stellige Ersteigerung

Wie Lichters ‚Bares für Rares' 4-stellige Experten-Gegenleistung.

„Hoch interessant, diese historischen Werke", sinniert Bauer Ohle,

hebt sein Glas und sagt: "Zum Wohle!"

Gedankensplitter von Bauer Ohle

Was in den letzten 250 Jahren industriell und digital entwickelt worden ist, gab es als vereinfachte Entwicklungen über 1000 Jahre in den Klosterwerkstätten; die KLosterbrüder berieten auch Fürsten, Könige und Kaiser, aber auch Stadt- und Dorfbewohner in der Nähe.

Die in Klöstern hergestellten Gegenstände werden heute oft als sehr wertvoll mit hohen Preisen ersteigert.

Das älteste Kloster der Welt ist im 4. Jahrhundert errichtet und wohl Antonius dem Großen gewidmet worden; jedenfalls trägt es seinen Namen ‚Antonius‘, liegt in Ägypten und ist ein koptisches Kloster.

IV. Stadt und Land

Als ich mich vor gut 20 Jahren das erste Mal mit dem Geburtsort meiner Eltern beschäftigte, später darüber schrieb, wurde mir bewusst, dass dieses ursprünglich

selbständige Städtchen Helmarshausen (heute Bad Karlshafen, eingemeindet) erheblich älter sein muss als nur 1076 Jahre (944-2020) alt. Denn frühe Besiedlungen der Menschen fanden in der Regel dort statt, wo in unmittelbarer Nähe Wasser, Wald und Wärme (Sonneneinstrahlung, Windschutz....) waren.

Für Helmarshausen traf dies zu (Hainbach, Diemel, Weser, Wald, Berg und Tal). Hier entstand später im Kloster das zweitteuerste Buch der Welt, das Evangeliar Heinrich IV.

Nachfolgend habe ich die Großstädte Berlin, Hamburg und München als Mio.Einwohner-Städte ausgewählt sowie Erfurt, Heidelberg und Münster als 150000-300000 Einwohner-Städte.

Dabei fiel auf, dass literarhistorisch fast ausschließlich die erste urkundliche Erwähnung für die spätere ‚Altersangabe' zugrunde gelegt wurde. In Wirklichkeit fanden die ersten Ansiedlungen oft um tausende von Jahren früher statt.

So haben archäologische Ausgrabungen in Erfurt dies vergleichsweise ergeben. Hier ist die urkundliche Erwähnung 742 v. Chr., die Besiedlung begann aber tausende Jahre früher.

Interessant ist auch, dass historische Städte sich unterschiedlich weiterentwickelt haben. So war z.B. Erfurt einst eine spätmittelalterliche Großstadt, ist heute aber keine Mio-Einwohner-Stadt, sondern hat rund 200000 Einwohner....

Abschließend werden einige Stadt-Dorf-Probleme aus heutiger Sicht aufgezeigt.

So beginnen Baue Ohles Erzählungen mit leichten Worten,

aus der Stammtischrunde und anderen Orten:

Berlin

Berlin entstand im 12. und 13. Jahrhundert,
erst Siedlungen, wen wundert's?

Gebaut wurden sie und die Burgen Köpenick
Und Spandau
zunächst im Eigen-, dann im Fachwerkbau.

Anfang des 13. Jahrhunderts entstand Berlin,
von Brandenburger Markgrafen gegründet,
so die Doktrin.

Die Stadt an der Spree wurde im Geschichts-
verlauf
Residenz-, und Hauptstadt, je nach Staats-
form zuhauf.

Einen besonderen Aufstieg nahm dann die
Entwicklung
nach dem 30jährigen Krieg, u.a. durch die
Hugenottenansiedlung.

Eingliederungen, Vergrößerungen sowie
Hauptstadtfunktion

förderten den Aufstieg, brachte die ‚Berliner
Expansion‘.

Reichshauptstadt, Kriege, Teilung, Wiedervereinigung

sind nur Bruchteile der 4 ½ Mo Einwohnerent-
wicklung.

Nun Hauptstadt der Bundesrepublik Deutschland,

Vorzeigestadt im sogenannten Wirtschafts-
wunderland.

Sehenswürdigkeiten sind u.a. Brandenburger
Tor,

Reichstagsgebäude, Museumsinsel und im
„Chor“:

Alexanderplatz, Fernsehturm, Rotes Rathaus, Unter den Linden,

Berliner Dom, Schloss Charlottenburg, Fried-
richstraße einbinden.

Neues Museum, Altes Museum, Pergamon-
museum,
Gedächtniskirche, Kurfürstendamm, Zoologischer Garten als grünes Spektrum-

Die Vielfalt der Sehenswürdigkeiten ist über-
wältigend
und kaum zu schaffen an einem Wochenend.

U- und S- Bahnen helfen den Gästen gern,
so dass sie mehr ‚nah' empfinden als ‚fern'!

„Ein Besuch ist zu empfehlen", meint Bauer
Ohle,
hebt sein Glas und sagt: "Zum Wohle!"

Hamburg

Hamburg war vor rd. 1.200 Jahren erst Stütz-
punkt, dann Bistum,

und wurde mit dem Bistum Bremen vereinigt
zum Erzbistum.

Hamburg entwickelte sich in der Hanse als
stärkster Umschlagsraum,

für die Entfaltung der Hansestadt ein erfüllter
Traum-

Im 13. Jahrhundert vereinigten sich Alt- und
Neustadt,

für die Entwicklung das richtungsweisende
Schwungrad.

Doch Erzbistum Bremen-Hamburg blieb 800
Jahre erhalten,

hier brauchte die Hansestadt auch nicht ver-
walten.

Im Zeitlauf prägte die Hanse Hamburgs
'Gesicht‘,

heute weltweite Bedeutung als Um-
schlagsortschwergewicht.

Inzwischen ist auch die Einwohnerzahl auf
fast 2 Mio gestiegen,

nun sollte der Senat die Mietpreisbremse
auch noch hinkriegen.

Die einstigen Naturlandschaften an Alster
und Bille,

wandelten sich in Kulturlandschaften nach
des Menschen Wille.

Und auch die Sehenswürdigkeiten sind eine
Reise wert,

zum Beispiel in der Elbphilharmonie im Ope-
rettenkonzert.

Aber auch Hafen, Speicherstadt sowie

das Miniaturwunderland

Erfreuen Besucher, oft mit dem Info-Heft
in der Hand.

Planten und Blomen, Rathaus, Tierpark Ha-
genbeck,
Jungfernstieg, Reeperbahn, Panoptikum er-
füllen ein Besucher-Weck.

Flugzeuge, Bahnen und Elbtunnel erleichtern
die Anreise,
Flugplatz, Schienen sowie Autobahnen bil-
den die richtige Schneise....

„Denn man tau un seg moin, moin", lacht
Bauer Ohle,
hebt sein Glas und sagt „Zum Wohle!"

München

München wird als Siedlung Munichen
1157/58 erwähnt,

„schon wieder", denkt vermutlich manch Leser und gähnt.

Doch es wird gleich interessant, das Wort
Munichen

besagt ‚bei den Mönchen' und damals haben
sich Fehler eingeschlichen.

Es war die Zeit der Mönche und lateinischen
Sprache,

die fast nur Mönche beherrschten und damit
eine ‚Brache',

Sprachfehler in Urkunden oder falsche Jah-
reszahlen heraufbeschwor,

so dass Könige und Fürsten ohne Latein-
kenntnisse dastanden wie ein Tor.

München wurde 1214/17 Stadt und ging 1240 an die Wittelsbacher,

wurde 1255 deren Residenz und sie blieben 700 Jahre die Macher.

Heute ist München ein bedeutendes Wirtschaftszentrum,

erlaubt sich aber das Oktoberfest als Gaudium.

Die 800jährige Stadt hat heuer 1,5 Mio Einwohner erreicht,

nun wuchern böse die Mietpreise, also keinesfalls schleichend leicht.

Man sagt, sie zu besuchen lohne sich, da Sehenswertes überrasche,

wie Englischer Garten, Marienplatz, Viktualienmarkt gehören auf den Zettel der Besucher in die Reisetasche.

Auch Frauenkirche, Hofbräuhaus, Residenz,
Museen, z.B. St. Peter

und Aktivitäten in einer sehenswerten Stadt
ohne Gezeter.

„Muss wohl so sein", meint Bauer Ohle,

hebt sein Glas und sagt: „Zum Wohle!"

Münster

Münster entstand vor gut 1130 Jahren, genauer um 782 an der Aa.

Schon Anfang des 9. Jahrhunderts wurde es Bistum-Mittelpunkt in Summa.

In der 2. Hälfte des 12. Jahrhunderts bekam Münster die Stadtrechte, gehörte dem Städtebund an,

für die ursprüngliche Marktsiedlung ging es nun steil bergan.

Im 14. Jahrhundert wurde Münster führendes Mitglied der Hanse im Kreise der Handelsförderung,

In den folgenden Jahrhunderten jedoch Spielball der Reformationsbewegung.

Reformation, Täuferreich, rekatholisiert, Verlust von Privilegien, ein starker Niedergang.,

die Leiden des Dreißigjährigen Krieges und seine Schrecken erweitern noch den Unruheumfang.

1648 endlich Frieden, doch weiterhin Verlust von Privilegien, Verlegung der bischöflichen Residenz,

die Neuzeit (ab 1500 n.Chr.) zeigte in Münster sinkende Entwicklungstendenz.

Von 1802/3 bis 1815 erlebt Münster einen viermaligen Wechsel der Obrigkeitszugehörigkeit:

Preußen, Großherzogtum Berg, Frankreich,, Preußen in einer 13jährigen Zeit.

Danach blühte Münster als 130jährige Hauptstadt von Westfalen auf,

heute kreisfreie Stadt, Regierungsbezirk von NRW und Sehenswürdigkeiten zuhauf.

So die Hallenkirchen St. Ludgeri, St. Servatii, St. Lamberti, der gothisch-romanische St. Paulus-Dom,

wie auch Giebelhäuser, Prinzipalmarkt, Rathaus, Bischhöfliches Schloss u.a. sind Anziehungspunkte für den Besucherstrom.

Aber auch Aasee, Allwetterzoo, Museen,
Universität, Kiepenkerl ziehen Besucher an.

Münster, ein 300000 Einwohner-Städtchen
mit Air und Flair oder Drum und Dran.

„Hört sich gut an", meint Bauer Ohle,

hebt sein Glas und sagt: "Zum Wohle!"

Heidelberg

Im frühen Mittelalter war Heidelberg ein römisches Kastell,

danach wurde aus der Befestigungsanlage eine Zivilsiedlung, nun provinziell.

Aber schon entwickelt bis zur Ersterwähnung Ende des 12. Jahrhundert.

Anfang des 13.Jahrhundert übernahmen die Wittelsbacher, ob froh oder verwundert.

Schon 130 Jahre später , im Hochmittelalter kam Heidelberg an die Pfälzischen Wittelsbacher,

wurde Grundlage und Residenz der pfälzischen Territorialmacht der Macher.

Doch nach rd. 350 Jahren zerstörten in einem Erbfolgekrieg die Franzosen Teile von Heidelberg,

Baden übernahm Anfang des 19. Jahrhunderts und der Geist Alt-Heidelberg war kein Zwerg.

Im gleichen Jahr(1803) wurde die 1386 ge-
gründete Ruprecht-Karls-Uni neu gegründet.

Sie gelangte zu Weltruhm, hatte als geistiger
Mittelpunkt mehr als gezündet.

Vorreiter im Humanismus und der Reformation hatte Heidelberg seit der Romantik eine
kulturelle Sonderstellung,

Landschaft, Schloss, Kaiserstuhl, Alte Brücke
und die vielschichtigen Baudenkmäler halfen
mit zur kulturellen Einordnung.

Heidelberg zieht den Fremdenverkehr, auch
international an, immer wieder,

Und mancher' hat sein Herz in Heidelberg
verloren", am Philosophenweg duftet es nach
Flieder.

Auch in der Forschung, ob Kernphysik, Medizin, Sprache, Astronomie, Molekularbiologie
u.a. hat Heidelberg einen Namen,

und manche Experten auf unserem Erdball
staunten, wenn sie in Heidelberg den Lösungen näher kamen

Auch touristische Abwechslungen wie Museen, Theater, botanischer und zoologischer Garten werden geboten,

Ein rd. 150000 Einwohner-Kreisstädtchen mit Bergbahn zum Kaiserstuhl, der Tourist kann selbst ausloten.

Ach ja, Heidelberg am Neckar," schwärmt Bauer Ohle,

hebt sein Glas und sagt: „ Zum Wohle!"

Erfurt

Im heutigen Erfurter Umfeld fanden vor vielen tausenden Jahren Besiedlungen statt.

Archäologische Funde wiesen nach, hier suchten bereits in der Steinzeit Menschen ihre Lagerstatt.

Für die Bronze- und Folgezeit fand man Belege für die frühbäuerliche Trichterbecherkultur.

Nach den Kelten folgten die Germanen und hinterließen ihre Spur.

742 n. Chr. war die erste urkundliche Aussage über ,Erphesfurt' durch Bonifatius,

er bat den Papst um Anerkennung als Bistum und schaffte es als Habitus.

Die Blütezeit entstand im 14. Jahrhundert, in der Zeit, wo Erfurt mit rd.20000 Einwohnern mittelalterliche Großstadt war.

Im 14. /15.Jahrhundert waren nur Köln, Nürnberg und Magdeburg größer. Erfurt war vorzeigbar.

Denn die älteste Universität Deutschlands wurde 1379 in Erfurt gegründet,

und damit Erfurt sehr früh als bedeutendes Bildungszentrum begründet.

Hinzu kam, dass Erfurt als mittelalterlicher Handels- und Umschlagsplatz galt,

hier fanden Aussiedler nicht nur die Großstadt, sondern Arbeitsplätze und Lebensunterhalt.

Heute ist Erfurt die Hauptstadt von Thüringen, kreisfreie Stadt und liegt an der Gera,

im Thüringer Becken, ist Bischofssitz, hat 200000 Einwohner, eine andere Lage als die Riviera.

Aber Erfurt ist Sitz vieler Behörden, Museen, Klosterkirchen und wird überragt vom Dom,

ganz anders die Krämerbrücke mit Häusern überbaut wirkt wie ein Phantom.

Weiterhin findet man in der Altstadt gut erhaltene oder renovierte Häuser aus der Renaissance,

auch zwei alte Festungen sind zu bestaunen, der Besucher hat die Chance.

Für Gartenbauinteressenten bietet Erfurt die FH, ein Museum, den Zoopark und Tiere gratis,

selbst Fachleute waren überrascht, denn Museen und Zoopark wurden für sie ein Erlebnis...

„Ich glaube Erfurt ist eine Reise wert," schmunzelt Bauer Ohle,

hebt das Glas und sagt: „Zum Wohle!"

Stadt-Land-Probleme

Der Volksmund ist gespalten bei der Frage:

Stadt oder Land, wo lebt man besser, wie ist
die Lage?

Es hängt von vielen Faktoren ab, z.B. Wohnung oder/und Arbeitsplatz,

aber auch menschliches Verhalten, Trubel
oder Ruhe, beeinflussen den Denkansatz.

Ärzte, Geschäfte, Breitbandanschluss u.a.m.
fehlen im ländlichen Bereich,

Wohnungsnot, Luftverschmutzung, Unsicher-
heit u.a.m. spielen überwiegend den Städtern
einen Streich.

Überteuerte Mieten finden sich in den Großstädten wieder,

Kaufpreise für Häuser liegen in ländlichen
Regionen oft darnieder.

Dabei erhebt sich die Frage, wo leben die
Menschen, in welchen Bereichen,

auf dem Lande in Dörfern, Kleinstädten oder Mittelstädten, Großstädten, wo setzen sie ein Ausrufezeichen.

Gut 40% leben in ländlichen Gebieten von 100 bis zu 20000 Einwohnerzahl.

30% lieben die Großstadt, sehen die Vorzüge, über 100000 Einwohner als ihre Hoffnungswahl.

Die goldene Mitte – 20000 bis 100000 Einwohnerstadt wählten die restlichen Bewohner,

war es die bessere Wahl, eine glückliche Hand als Mittelstadt-Einwohner?

Doch Probleme, Lösungen, Gewissheit bleiben, ob Stadt oder Land.

Vorgaben sind u.a.Besitz-,Miss-,Not-, Übel-,Wider-, oder Wohlstand.

„Wie mitten im Leben", lächelt Bauer Ohle,

hebt sein Glas und sagt: „Zum Wohle!"

Gedankensplitter von Bauer Ohle

Aus historischer Sicht sind wir wieder bei den Klosterbrüdern. Sie beherrschten die lateinische Sprache und waren oft ihren Landesherren überlegen. Stadtgründungsdaten haben wir überwiegend den Klosterinsassen zu verdanken.

Schon seit Beginn der ersten Städtegründunggen zog es Menschen in die Stadt.Offensichlich den Primaten abgeguckt: Der Mensch ist offenbar ein ‚Herdentier'.

Selbst das heutige Verhältnis Stadt-Land zeigt auf, dass Zweifünftel der Menschen auf dem Lande wohnen, aber Dreifünftel in der Stadt. Immer noch ist ein stiller Trend aus der historischen Zeit erkennbar: der Herdentrieb.

Nicht Häuserfassaden mit ihrem nächtlichen
Lichterglanz oder morgendlicher Autolärm
machen zufrieden, sondern die ländlichen
Fachwerkhäuser mit ihrer ausstrahlenden
Ruhe und umgebenen Natur sowie morgend-
lichem Vogelgezwitscher.

Die Einfachheit eines Bio-Dorfladens ist mir
lieber als die Vielfalt eines Lebensmittelladens
einer Handelskette.

V.Geschichten, die das Leben schrieb

Diese Geschichten und Geschichtchen, die das Leben schrieb, könnte der Leser selbst oder im Umfeld ähnlich wie hier in der Runde erlebt haben.

Bei diesen Erlebnissen wird deutlich, wie unterschiedlich sich das Verhalten von Menschen zeigt. Charakterzüge werden deutlich, Missverständnisse geklärt, Fehlverhalten sehr selten bereinigt……

Na ja, aber lesen Sie selbst…..

So beginnen Bauer Ohles Erzählungen mit leichten Worten,

aus der Stammtischrunde und anderen Orten:

Beim Juwelier

Ein älterer Herr schon über neunzig,
ging zum Juwelier und sprach freundlich:

„Können Sie den Anhänger an dieser Kette
entnehmen und gegen den Edelstein
von Annette

austauschen," sprach's und übergab Kette
und Steine
Es waren Amethyst und Rosenquarz als
Edelsteine

Der Amethyst sollte ab und Rosenquarz an
die Kette,
und alles für sein Enkelkind Annette.

So war an dem Rosenquarz das
Sternzeichen Waage,
am Amethyst der Skorpion, für Annette ne
Plage

Von daher wurde es höchste Zeit,
das Falsche zu korrigieren, bald war es soweit,

glaubte der über 90 Jahre alte Heinrich,
doch schon der Abholtermin war mehr
als peinlich.

Erst in 7 Tagen würde der Rosenquarz-
Waage-Stein
an der Kette und für Annette fertig sein.

Irgendwie war Opa Heinrich irritiert,
früher in Minuten erledigt, heute
unorganisiert.

Die 7 Tage waren herum und voller Erwar-
tung
ging Heinrich zum Juwelier, es wurde eine
Enttäuschung.

Nichts war fertig, kein geistiger Freude-
sprung,

die primitive Vertröstung glich einer Überrumpelung.

Bis zum neuen Termin vergingen wieder
Tage,

Opa Heinrich war behindert, es war eine
Plage.

Pünktlich zum Termin war Heinrich beim Juwelier,

vor ihm stand der Inhaber, fast wie ein Fakir.

Er erzählte etwas von Vergoldungen der
Sternzeichen,

der heutige Termin müsse vor dem neuen
weichen.

Die Sternzeichen – Steine wären versandt,

bei Opa Heinrich zitterte schon seine Hand.

Denn die Juwelier-Wege waren für ihn sehr beschwerlich,

und die Terminverschiebungen mehr als ärgerlich.

Vom 1. Tag bis zum neuen Termin,

waren drei Wochen verstrichen, 21 Tage zuviel.

Auf dem Weg zum Markt mit Einkaufsheft

ging Heinrich beschwerlich erneut ins Geschäft.

Im Geschäft stand die Inhaberin, es war zum Weinen,

in der Hand das Goldkettchen mit zwei Steinen!

Statt Rosenquarz mit Sternzeichen Waage an der Kette

hing Rosenquarz mit Amethyst gemeinsam an der Kette für Annette.

Also zwei Sternzeichen für die Geburt eines Menschen,

das war für Heinrich unfassbar, ging an seine Grenzen.

Er bat erneut, nur Rosenquarz mit Sternzeichen Waage

gehören an das Kettchen und keine Falschzugabe.

Das sei kein Problem, schon morgen möge er kommen,

sagte die Juwelierin, Heinrich benommen hatte vernommen.

Am nächsten Tag war Opa Heinrich nun schon zum 5. Mal

im Juweliergeschäft, was für eine Kunden-Qual.

Übergeben wurde Kettchen mit Rosenquarz freundlich schon,

aber statt Rosenquarz –Waage war es Sternzeichen Skorpion.

Urplötzlich erkannte Heinrich auf einen Blick,

das war ein Missverständnis, ärgerliches Missgeschick.

Denn anstelle der Steine mit richtigen Sternzeichen auszutauschen,

glaubte man die Sternzeichen auf den Steinen zu vertauschen.

Was für ein Jammer für Opa Heinrich,

ehrlich gesagt, es war ihm peinlich.

Ohnehin hatte er dem Juwelierpaar einen Brief geschrieben,

doch jetzt schrieb er einen zweiten mit einigen Hieben.

Damit war Heinrich entspannt, konnte die Wahrheit sagen,

das Juwelierpaar musste korrigieren, ohne zu fragen.

Nach gut einem Monat konnte Opa Heinrich,

er war entspannt, den anderen war es nun
peinlich,

die Kette abholen mit Anhänger Rosmarin-
Waage.

Und sehr bestimmt stellte Heinrich die Frage,

warum er die Kosten für nichtverschuldetes
Missgeschick

selbst tragen solle? Opa nun mit klarem Blick,

Kostenursache sei nur der Austausch der An-
hängersteine.

Der Juwelier stutzte und zog die Reißleine.

Die Rechnung wurde gekürzt, in Händen die
Kette,

trotz allem: Heinrich freute sich fürs Enkelkind Annette.

„Erst Missverständnis, dann das gute Ende,“
meint Bauer Ohle,

hebt sein Glas und sagt: „Zum Wohle!“

In der Sparkasse

Paula im Rollstuhl und Paul mit Rollator sind als Paar

nicht mehr die Jüngsten, zusammen über 180 Jahr.

Wenn Bargeld gebraucht wird, muss Paul es besorgen,

von der Sparkasse in der Nähe, meist am frühen Morgen.

Eines Tages war bei beiden kein Bargeld mehr im Haus,

nun war Paul gefragt, er musste am Morgen raus.

Mit Kreditkarte und Sparkassenbuch ging er los,

in der Sparkasse am Schalter bestellte er sein Moos.

Die Dame am Schalter war freundlich und gewandt,

nahm zunächst die Kreditkarte aus Pauls Hand.

Paul nannte den Betrag, die Dame tippte ihn ein,

dann nahm sie das Sparkassenbuch hinterdrein.

Wieder nannte Paul den Betrag, erneut tippte sie sein,

reichte die Unterlagen zurück, Paul war nun allein.

Fuhr mit seinem Rollator zum Geldautomaten,

dort nahm er seine Karten mit programmierten Daten,

erst kam die Kreditkarte von Paula in die Schlitzstation,

kurz warten, Paul nahm die Karte, Geld und mit Pression

steckte er Karte und Geld in Paulas Geldum-
schlag.

Seine Karte kam in den Schlitz, Paul nahm
den Betrag,

legte das Geld in seinen Umschlag und mit
Bedacht

wurde auch sein Sparkassenbuch mit hinein
gebracht.

Diese Sorgsamkeit spielte eine wertvolle
Rolle,

es war die persönliche Sparkassen-Geldkon-
trolle.

Paul war zufrieden, das Bargeld gut ver-
staucht,

er spazierte nach Hause, war ein wenig ge-
schlaucht.

In der Wohnung übergab Paul Paula den

Umschlag,

er nahm seinen und in Ruhe zählten sie nach.

600 Euo waren für Paul, 400,- für Paula gebucht.

So zählte jeder für sich und wie verflucht,

hatte Paul 200 Euro zu wenig, Paula 200,- zu viel.

Das könne eine Fehlbuchung sein, orakelte Pauls Mienenspiel.

Beschwerlich spazierte er zur Sparkasse zurück,

eine andere Bedienung war es zum Glück.

Für die Aufklärung gut, dachte sich Paul,

plötzliches Tuscheln der Damen, da war was faul!

Denn die erste Bedienung sprach mit ihm kein Wort,

das war brüskierend, wie an einem falschen Ort.

Geldautomat und Buchungseingabe stimm-
ten nicht überein,

doch tuscheln, statt reden, das sollte nicht so
sein.

Als dann die Bedienung sagte, es sei alles in
Ordnung,

da verstand Paul die Aussage nicht und ihre
Bewertung.

Der Geldautomat müsse die Schalterbuchung
widerspiegeln,

meinte Paul und erkannte das eindeutige,
fehlerhafte Abwiegeln.

Peinlich, wenn Dritte den Gewinn oder Verlust gemacht,

Paul hatte es erkannt und richtig gedacht.

Nicht der ältere Mensch, sondern ‚Eingabe‘
war dämlich,

und viele Ältere, Behinderte erleben es ähnlich.

„Man sollte Ältere niemals verdummen,“
meint Bauer Ohle,

hebt sein Glas und sagt: „Zum Wohle!“

Der GEZ-Kontrolleur

Eines Tages stand bei Frau Gertung vor der
Tür,

der klingelnde, gut gekleidete GEZ-Kontrolleur.

Er hob hervor, er müsse wahrheitsgemäß
wissen,

die Anzahl der Funkgeräte auf Ehr und Gewissen,

im Hause von Frau Gertung mit

Lebensgefährten.

Sie hätten nur einen Fernseher, einen be-
währten.

Habe aber eine Bitte zur Anschrift in der
Rechnung,

nicht der Vorname ihres verstorbenen Mannes, sondern zur Verdeutlichung

solle nun ihr Vorname genannt und ausgetauscht werden.

Er zog seinen Block sowie den Stift: "Sonstige Beschwerden?“

Frau Gertung verneinte und unterschrieb,

der GEZ-Kontrolleur ging, was übrig blieb,

war die Hoffnung einer nun richtigen Vornamensänderung,

doch wie so oft und unverhofft kam die Entzauberung.

Plötzlich kamen zwei Rechnungen ins Haus geflogen,

eine für Frau Gertung, eine für den Verstorbenen, ungelogen.

Obwohl nur um die Änderung des Vornamens gebeten war,

schickte man für den Verstorbenen, es ist wirklich wahr,

eine Neuabbuchung für die Rechnung.
„Statt Kontrolleur, ein Betrüger," meinte
Frau Gertung.

Der Lebenspartner legte Widerspruch ein,
die Erstattung erfolgte, das Konto war rein....

„Kein Einzelfall," betont Bauer Ohle,
hebt sein Glas und sagt: „Zum Wohle!"

Dienstleistungen

Wenn heute jemand Dienstleistungen in Anspruch nehmen muss,

wird kaum etwas bereinigt ohne Verdruss.

Mit dem Fernruf beginnt die erste Wartezeit,

denn 10 bis 40 Minuten beträgt diese Telefonarbeit.

Ein Glücksfall, wenn dann ein Fachmann berät,

leider oft nicht, man verbraucht viel Loyalität.

So sollte eine Security-Essentials-Software installiert werden;

Zweimal vergeblich, also Unkosten und Beschwerden.

Eines der größten Telekommunikationsunternehmen hatte Schwierigkeiten,

mit Fachkräften zu installieren, fachgerecht zu verarbeiten.

So bediente sie sich der ‚Computerhilfe‘ mit
ihren Installierungen

Und alle Probleme wurden von dort über
Fernsteuerung bezwungen.

Nach der problemlosen Computerhilfe-Auf-
tragserledigung,

flatterte von der Firma eine monatliche Rechnung als Forderung

ins Haus, obwohl 2 Rechnungen bezahlt worden waren,

aber keine Leistung erbracht, ein fragliches
Geschäftsgebaren.

Nun liegt ein Widerspruchsverfahren an,

hoffentlich eine eindeutige Entscheidung,
kein ‚Drum und Dran‘.

„Wollen wir hoffen, „ bemerkt Bauer Ohle,

hebt sein Glas und sagt: „Zum Wohle!“

Wartezeiten

Frau Löbrink hatte einen Krankenhaustermin in der Ambulanz,

um 12 Uhr war sie bestellt, 10 Min. früher als Toleranz

hatte der Pflegedienst sie ins Wartezimmer gebracht,

und blieb bei ihr im Wartezimmer, gab auf sie acht.

Frau Löbrink war Rollstuhlfahrerin mit einem Bein,

nun begann die Wartezeit, zunächst im Unterbewusstsein.

Untersucht werden sollte am Bein die Durchblutung,

nach einer Stunde noch kein Arzt, eine Zumutung.

Auch nach 2 Stunden Wartezeit, quälendes Gastieren,

war keine Aussicht auf den Arzt, um zu diag-
nostizieren.

Pflegekraft und Frau Löbrink schauten sich
fragend an,

‚Wann sind wir nach so langer Wartezeit endlich dran?‘

Inzwischen war es 15Uhr, 3 lange Stunden
sind vorbei,

für die wartenden Zwei wahrlich eine Warte-
zeit-Quälerei.

Immerhin war Frau Löbrink im 91. Lebensjahr,

und bei stundenlangen Wartezeiten eine Be-
lastungsgefahr.

Alle Uhren zeigten 16 Uhr, 4 Stunden Wartezeiten,

das mussten die 90jährige und Pflegekraft
erst mal verarbeiten.

Wenige Minuten später, urplötzlich begann
die Untersuchung,

für beide wie eine erlösende, aufatmende Be-
sänftigung.

Die ausgiebige Untersuchung war hervorra-
gende Spitze,

sie wirkte auf die 90jährige wie eine Beruhi-
gungsspritze.

‚Ende gut, alles gut' darf man nicht stehen
lassen,

mit solchen Wartezeiten muss sich ein Gre-
mium befassen.

Hier sind Politik, Krankenkassen und
Verbände gefragt,

denn unnatürliche Wartezeit – hier 4 Stunden
– besagt,

erhöhte Kosten bei Kassen, organisatorisch
reine Zeitverschwendung.
Für Pflegekraft und Patienten wirkt es wie
eine Demütigung.

„Hoffentlich obsiegen Verstand und Organi-
sation," mahnt Bauer Ohle,

hebt sein Glas und sagt : „Zum Wohle!"

Irgendwann

Ein Ehepaar im mittleren Alter lebte am kurischen Haff in Litauen,

ihre beiden Töchter hatten zu dem dörflichen Leben kein Vertrauen.

Sie wanderten nach Deutschland aus, liebten das Moderne,

Ihre Eltern lebten weiterhin hunderte km weit in der Ferne.

Es waren liebe Töchter, die ihre Eltern regelmäßig besuchten,

brachten viele Geschenke mit, denn sie waren die Betuchten.

Bei jedem Besuch baten die Töchter:" Kommt zu uns nach Deutschland."

Und immer wieder hörten sie die Antwort :
„Wir lieben unsere Heimat, den Strand."

Doch ab und zu sagte der Papa leicht seufzend: „Irgendwann."

„Bitte, Papa, wann ist irgendwann?" fragte
das Tochtergespann.

Traurig schauend murmelte der Papa:" Steht
nicht im Kalender."

Tränen standen in seine Augen, Papa war
kein Blender.

Die Töchter nahmen Mama und Papa her-
zend in den Arm,

‚Irgendwann' stand nicht im Kalender, hatte
ja einen gewissen Scharm.

„Find ich auch," nuschelt verträumt Bauer
Ohle,

hebt sein Glas und sagt:" Zum Wohle!"

Gedankensplitter von Bauer Ohle

Das Leben schreibt täglich, ja am laufenden
Band kleine Geschichten und Geschichtchen. Das bunte Leben und Treiben, die
gesetzlichen Vorgaben der Obrigkeit, glückliche, wie sich streitende Familien während
der Arbeit oder auf dem Sportplatz, im
Geschäft oder Restaurant, und manchmal
ist man der Beteiligte.

Am liebsten habe ich, wenn solche Erlebnisse
gut ausgehen oder ein wenig nachdenklich
werden lassen, aber auch, wenn man herzlich
darüber lachen kann. Doch ab und zu ist
irgend ein Ärgernis einprogrammiert.

VI.Kuriositäten

Am 41. Geburtstag meiner Mutter, ich war knapp 15 Jahre alt, fiel mir bei den Geburtstagskarten auf, dass sie nicht richtig gedruckt oder formuliert waren, ggf. fälschlicherweise nicht richtig genutzt wurden. Letzteres konnte ich ausschließen, weil alle Geburtstagsgratulanten zum 40. Geburtstag meiner Mutter gratulierten.

Meine Mutter hatte aber ihren 41. Geburtstag und vollendete ihr 40. Lebensjahr.

Aber alle Geburtstagskarten gratulierten vorgedruckt zum 40.Geburtstag....

Nach mehr als 75 Jahren fühlte ich mich nun veranlasst, dies als Kuriosität mit aufzuzeigen. Eigentlich war es der Anlass,diese wie einige andere Kuriositäten niederzuschreiben.

Manch Wunderliches zum Schmunzeln.

So beginnen Bauer Ohles Erzählungen mit leichten Worten,

aus der Stammtischrunde und anderen Orten:

Geburtstagskarten

Seit hunderten von Jahren werden Geburtstagskarten gedruckt,

und irgendwie hat niemand richtig hinge-
guckt.

Denn der Inhalt ist irritierend falsch geschrieben,

man gratuliert z.B. zum 20. Geburtstag, doch
unterblieben

ist das Nachzählen der Geburtstage, hier 21.

Von daher sind alle Geburtstagskarten ran-
zig.

Man müsste zur Vollendung des 20. Lebensjahres gratulieren,

wäre es so geschrieben, würde es niemand
irritieren.

Der Tag der Geburt ist der 1. Geburtstag ohne Frage,

der der Vollendung des 1. Lebensjahres der 2. ohne Blamage.

Einfach nur Texte (Vollendung des …Lebensjahres) formulieren,

man würde richtig gratulieren, ohne zu irritieren....

„Es wäre so einfach…" meint Bauer Ohle,

hebt sein Glas und sagt: „Zum Wohle!"

Reinhardswald

Hessens größter Forstbezirk ist der
Reinhardswald,
er ist historisch wertvoll, wirklich uralt.

Spessart und Kaufunger Wald sind nicht weit.
Der Reinhardswald gehört zu Nordhessen,
vier Städte sind bereit

ihn in Himmelsrichtungen zu begrenzen.
So Bad Karlshafen und Kassel ihn kredenzen,

auch Hann. Münden und Hofgeismar sind
im Richtungsreigen.
Große Waldgebiete und Wasserbereiche
zeigen

eine Fläche von 18300 ha herrlicher Natur,
davon allein 10000 ha Wildschutzgebiet pur.

Gesichert wird die Tierwelt, großräumig und mild,

Wildkatzen, Kleintiere, Reh-, Rot-, und Schwarzwild,

aber auch Baumfalke, Schwarzstorch und Rotmilan

sind hier daheim, denn ihr Kontrollorgan

zeigt der Tier-und Vogelwelt ihre Lebensräume,

die historischen Hutebestände der Eichenbäume.

Auch die natürlichen Wasserzuläufe von Diemel, Asse und Holzappe

Erfreuen Wasserfreunde, Fischer, Fische und die Quappe.

Hunderte verschiedene, ja seltene Pflanzenarten

versetzen die Besucher staunend in einen Wildkräutergarten.

Er ist im Naturschutzgebiet, Urwald Sababurg' zu finden

Und mit der mittelalterlichen Hochblüte der Jagd zu verbinden.

Das Jagdschloss Sababurg war damals Mittelpunkt,

gelegen im heutigen Tierpark, dem Besucherknotenpunkt.

Auch die Brüder Grimm haben den urigen Reinhardswald

Mit Märchen und Figuren bekannt gemacht als Märchenwald.

Unter anderem Dornröschen–Sababurg- Dornenhecke,

mit dem glücklichen Ende für Dornröschen: Recke-wecke.

Selbst die Archeologie findet hier das ein oder andere an Fundstücken,

ob Bronze, Feuersteinklingen oder Ton, jeder Fund schließt Lücken.

Doch im Reinhardswald gibt es eine kuriose Besonderheit,

zunächst ist es das ‚Normale‘, die Gastlichkeit,

die Tilyschanze, nahe Hann.Münden, in Hes-
sen gelegen,

als Gaststätte ein Ausflugsziel, einstmals ver-
wegen.

Bewirtschaftet wird sie von zwei dort wohnen-
den Personen.

Sie wissen, ihre freundliche Gastlichkeit wird
sich lohnen.

Doch mit diesen 2 Personen wird der Forstbezirk Reinhardswald

zur zweitgrößten Gemeinde Hessens, ohne
Vorbehalt.

Nur Frankfurt am Main ist größer mit zig Post-
leitzahlen,

hier gibt es keine Postleitzahl, keinen OB –
aber Wahlen.

Und das Ergebnis der Wahlbeteiligung ist 100 Prozent,

in keiner der großen Gemeinden erreichbar – exzellent.

Zu erzählen gäbe es noch Vieles über den Reinhardswald,

zum Beispiel über Burgen, Flora, Fauna und alles uralt.

„Ein interessantes Ausflugsziel, "meint Bauer Ohle

hebt sein Glas und sagt: „Zum Wohle!"

Groß-Dorf

Im 15.-16. Jahrhundert nahm man oft India-
nerland in Besitz,

hier z.B. beidseitig eines Flusses ,ohne Witz.

Es war der St. Lorenz-Strom, und der es tat
war ein Seefahrer

und Forscher, der Franzose Cartier wurde
nun auch Neuland-Verwahrer.

Er fragte die Indianer nach dem Landesna-
men, die dachten aber an den ihrer Siedlung

Und sagten ganz unbeschwert ,Kanata' als
Wortursprung.

Irokesisch übersetzt also ,Dorf', der Name für
Kanada war entstanden.

Eines der größten Länder der Erde heißt
,Dorf' wohlverstanden.

„Dann ist Kanada aber das größte Dorf auf
unserer Erde," grinst Bauer Ohle,

hebt sein Glas und sagt: "Zum Wohle!"

Rückwärtsflug

Vögel konnten schon immer durch die Lüfte fliegen,

natürlich vorwärts, aber auch rückwärts oder auf der Stelle? Das wäre schon sehr gediegen.

Doch es gibt diesen Vogel, flugtechnisch ein Schwirrflieger.

Es ist der Kolibri, in seiner Vielfalt unterschiedlich groß, aber sein Gefieder

kann mit den Flügeln rd. 80 mal schlagen, also schwirren,

fliegt tatsächlich stehend oder rückwärts und lässt sich nicht beirren.

Er hat ein Herzchen, das rund 16 mal mehr schlägt als das menschliche Herz,

so dass der schwirrende Flug ein kraftvoller ist, ganz ohne Scherz.

„Ein ungewöhnlicher Vogelflug schwirrend
wie im Rückwärtsgang,“ lächelt Bauer Ohle,

hebt sein Glas und sagt: „Zum Wohle!“

Kostenwandlung

Die erste Rundfunkübertragung eines Fuß-
ballländerspiels war vor rd. 90 Jahren,

interessant wäre, die Kosten für die Übertragung zu erfahren.

Tatsächlich wurden in der Umkehrung zu
heute 100 Mark vom DFB an den Sender ge-
zahlt.

1926 war der DFB dankbar für die Rundfunkübertragung, sie war wie geprahlt.

Im Jahr 2018 zahlten ZDF und ARD für das
Übertragungsrecht

der Fußball-WM in Russland 118 Mio Euro,
nicht schlecht.

Doch nicht wie 1926 zahlte der Fußballver-
band an den Sender,

sondern umgekehrt, die Sender an den Fuß-
ballverband, vergleichbar mit einem Groß-
spender.

„Ausverkaufte Stadien und über 100 Mio
obendrauf,“ mault Bauer Ohle,

hebt sein Glas und sagt: „Zum Wohle!“

Blitz

Falls der Blitz hin und wieder im Sand ein-
schlägt,

werden mit seiner elektrischen Hitzelandung
‚Blitzröhren' geprägt,

also geschmolzener Sand. Die glasartigen
Röhren heißen Fulgurit,

aber kein Sprengstoff oder Asbestzement,
sondern als Fazit

des Blitzeinschlages im Sand. Und des Blit-
zes Temperatur

ist rd. 5x so hoch wie an der Sonnenoberflä-
chenstruktur.

Diese Energie für die Elektrokraft zu bündeln
ist ein Menschheitstraum,

vielleicht ein Erfinder des Jahrhunderts hält
den Blitz im Zaum....

„Ein Wunschtraum, der Engpässe beseitigt,“
sinniert Bauer Ohle,

hebt sein Glas und sagt:“ Zum Wohle!“

Salami

Die ungarische Salami ist zwar weltweit bekannt,

doch erst seit 160 Jahren wird sie in Ungarn hergestellt und auch so genannt.

Wenn man den Quellen Glauben schenkt, stand der Name

schon 200 Jahre v.Chr. auf Zypern in einem Kochbuch mit dem Wort Salame.

Dieses Wort leitet sich aus dem Italienischen ab

verkürzt ‚Sale'(Salz) und seit dem Früh-Mittelalter fortan und-ab.

In Italien wurde aus Roh-Schweine-, Rind- und/oder Eselsfleisch

Salami produziert und erst Mitte des 14.Jhrhunderts mit Gekreisch

von italienischen Arbeitern nach Ungarn transportiert.

Seit dieser Zeit wird sie von Produzenten als ungarische Salami qualifiziert.

Weit früher wurde in Italien, Spanien, Frankreich oder Deutschland die Salami produziert,

zwar mit unterschiedlichen Namen, aber sehr couragiert.

„In Nordhessen kenne ich sie als ‚Ahle-Worscht‘, meint Bauer Ohle,

hebt sein Glas und sagt: „Zum Wohle!“

Ereignisse

Am 9.11.1918 wurde erstmals in Deutschland
eine demokratische Republik ausgerufen, ein
politischer Prüfstand.

Friedrich Ebert war als Reichskanzler auser-
koren,
das Wunschbild einer Demokratie nun auch
in Deutschland geboren.

Am gleichen Tag 1938 traurig machende
Ausschreitungen gegen die jüdische Bevölkerung,
und am 9.11.1989 war ‚Fall der Mauer‘, ein
Berliner Freudensprung.

Bewusste oder unbewusste Zufälle vom
Schicksalstag,
darüber mag jeder selbst denken, wie er es
vermag.

So viel zum dreimaligen 9.11. und der Demokratie, die15 Jahre hielt,

ergänzend zur 1. Demokratie ein Wortge-
fecht, das auf den Kanzler zielt.

Während einer Parlamentsrede des Kanzlers
X kam ein Zwischenruf:

„Nicht ‚mich' Herr Kanzler, ‚mir', der Stille
schuf.

Der Kanzler hielt inne, Pause, aber dann mit
Herzenspein:

„Mag sein Herr Abgeordneter", Stille, „aber
ich verwechsle nicht Mein und Dein!"

Der Reiche verzog sein Gesicht, tosender
Beifall, man sprang auf,

der Kanzler lächelte weise, nun war er plötzlich obenauf.

„Reaktionsschneller Kanzler", lobt Bauer
Ohle,

hebt sein Glas und sagt:" Zum Wohle!"

Wünschen / Gratulieren

Anfänglich haben wir über irritierende Geburtstagskarten erzählt,

nun haben wir die Wörter ‚wünschen‘ und ‚gratulieren‘ gewählt.

Auch hier irren Geburtstagskarten mit ihrem Glückwunsch zum erreichten Alter.

Schon wenn man es ohne Vordruckkarte so schreibt, stäubt sich der Füllfederhalter.

Denn das erreichte Alter wurde glücklich und zufrieden vollendet,

wenn man dies Vollbrachte nun als Glückwunsch ausspricht, klingt verblendet.

Zur Vollendung des Lebensjahres sollte man gratulieren.

Im Gegensatz zu ‚Glückwünschen‘ würde gratulieren harmonieren.

‚Wünschen' gilt für zukünftige Ereignisse und nicht für das erreichte Ergebnis,

‚Gratulieren' also u.a. zum sportlichen Erfolg oder gutem Ereignis.

Gute Gesundheit kann ich wünschen, auch zum Geburtstag,

erkennbar wird, man wünscht für Bevorstehendes, wenn man mag....

„Irgendwie klingt das vernünftig," lächelt Bauer Ohle,

hebt sein Glas und sagt: „Zum Wohle!"

Gedankensplitter von Bauer Ohle

Kuriositäten erhaschen oft ein Lächeln, ‚das gibt's doch nicht', 'ach du Strohsack', also ein Staunen, und manchmal steckt man in der Kuriosität selbst drin.

So können sie auch peinlich sein, wie es mir persönlich passiert ist. Morgens hatte ich es eilig: gewaschen, schnell angezogen, raus aus dem Haus, rein in den Bus. Irgendwie lachten mich alle an. Wir waren schon am Bahnhof auf dem Bahnsteig, das freundliche Lächeln nahm kein Ende, bis ein guter Freund auf mich zukam und auf meine Hosenbeine zeigte: Meine Schlafanzughose hatte ich angelassen, sie lugte unter meiner Hose hervor und lag einige cm auf meinen Schuhen....

VII. Umweltsünden

Fast jeder von uns kennt den Satz aus der Bibel:

„Macht euch die Erde untertan, herrscht über die Fische im Meer und über die Vögel am Himmel und über das Vieh und alles Getier, was auf Erden kriecht."

(1. Buch Genesis)

Und was hat die Intelligenz des Menschen aus diesem Auftrag gemacht? Statt mit unserer Erde und ihrer Artenvielfalt pfleglich umzugehen, sind es die alltäglichen Umweltsünden der Luft -und Wasserverschmutzung, der Ausbeutung und Vergiftung unserer Erde. Mit Sicherheit ist es nicht der barsch klingende Satz der Bibel, der diese täglichen Umweltsünden des Menschen verursacht hat und das gesamte Ökosystem der Erde zerstört.

Es ist die wirtschaftliche Gewinnsucht, die oft zur Gier ausartet, also vielfache Fehlanzeige für Umweltbewusstsein; aber auch der Druck des Weltmarktes mit seiner Billigproduktion. Und auch die alltäglichen Umweltsünden der Menschen schädigen Felder, Wälder, Gewässer und unsere Luft.

So beginnen Bauer Ohles Erzählungen mit
leichten Worten,
aus der Stammtischrunde und von anderen
Orten:

Ackerböden

Heute muss ich mich mal selber loben,
denn wo täglich Fernsehsendungen toben,

über Gifte auf unseren wertvollen Ackerböden
wo Unkrautvernichter und Gülle die Erde
veröden,

werden auf Feldern Vögel getötet und
kleine Insekten,
ein politisch-bäuerlich-chemisches Verhalten
der Suspekten.

Als Bio-Bauer erschrecke ich über diese
Auswirkung.
Die Belastung der Umwelt treibt zur
Verzweiflung.

Wenn tausende Bienenvölker sterben,
bewegen wir Menschen uns ins Verderben.

Selbst viele Vogelarten sterben aus,
es ist als leben wir in einem Irrenhaus.

Vor 1000 Jahren war man gescheiter als
heut,

mit Einführung der Dreiländerwirtschaft für
die Bauersleut.

Damit wurde die wachsende Bevölkerung
sorgenfrei,

reichlich gesunde Nahrung, keine Stümpe-
rei.

Fleißige Menschen, zwitschernde Vögel
wie summende Bienen,

konnten sich jahrhundertelang ungiftiger
Nahrung bedienen.

Heute belasten Unkrautvernichter und
Gülle unsere Felder,

der Laie erkennt, es geht nur noch um Gel-
der.

Doch Gifte in der Nahrung und Nitrat im
Wasser,

so zerstört man das Menschsein, erzeugt
nur noch Hasser!

Als Bio-Bauer schütze ich meine wertvollen
Ackerfelder,

und damit Nahrung, Wasser und auch mich
selber.

„Möge die Vernunft obsiegen", sinniert
Bauer Ohle,

hebt sein Glas und sagt: „Zum Wohle!"

Unkraut

Als Bio-Bauer habe ich mich oft gefragt,
warum werden Ackerböden mit Giften so
geplagt,

und nicht das Unkraut mit natürlichen
Mitteln vernichtet.
Hierzu wären alle Verantwortlichen letztlich
verpflichtet.

Bienen- und Insektensterben hörte
endlich auf

es gäbe einen völlig anderen
Prozessverlauf....

Und tatsächlich am Horizont gibt es
grünes Licht,
Extrakt aus der Distel besagt ein
Pressebericht,

könnte als Unkrautvernichter Gifte erset-
zen.

Damit wären unsere Ackerböden nicht
mehr zu verätzen.

Schon in kommendem Jahr – wenn es ge-
lingt- beginnt ein Nachbarland,

beendet glücklicherweise dann den vergif-
teten Missstand.

Biologische Unkrautvernichter helfen
Ackerböden und Insekten,

vielleicht ist dies für uns der Anfang zum
Perfekten....

„Eine gute Nachricht," meint Bauer Ohle,

hebt sein Glas und sagt: „Zum Wohle!"

Erderwärmung

Der Klimawandel ist für alle ein Sorgen-
kind,

doch die Gleichgültigkeit macht auf einem
Auge blind.

Zwar reden alle von CO 2 (Kohlendioxid)
als Klimawandelursache,

also Industrie und Autos als Hauptstim-
mungsmache.

Aber geruchlos drängt ein anderes Klima-
gas in den Vordergrund;

es ist das Methangas (CH 4) mit erhebli-
cher Auswirkung.

Rund 20 bis 30 mal so stark wie Kohlendioxid,

könnte es sich auf die Erderwärmung aus-
wirken, das ist rapid.

Dieses brennbare Gas kommt in unserer
Natur vor,

wie Landwirtschaft, Erdgas, Feuchtge-
biete, letztere öffnen Tür und Tor

bei weiterer Erderwärmung in Kanada wie
Sibirien;

denn wenn wir weiterhin den Klimawandel
z.T. ignorieren,

werden in Feuchtgebieten auch Perma-
frostböden auftauen,

das Methangas entweichen, eine erhöhte
Erderwärmung sich zusammenbrauen.

„Da lauern Gefahren,“ grübelt Bauer Ohle,

hebt sein Glas und sagt: „Zum Wohle!“

Waldbrände

Die Waldbrände auf unserem Erdball nehmen erheblich zu,

hinterlassen Ruinen, viele Tote, auch für Kalifornien kein Tabu.

Sie wüten u.a. in USA, Kanada, Australien, Indonesien, Schweden, Italien oder Griechenland.

Man mag es erahnen, die Erderwärmung ist ein sicherer Garant für den Brand.

Spekulationsbauten, oft auch inmitten von Wäldern gebaut,

die Bewohner haben den Gefahrenherd im Umfeld, so dass einem graut.

In Kalifornien war und ist auch die Prominenz betroffen;

so in Malibu, dort haben die Flammen manchen Brandherd übertroffen.

Mögen die Länder unserer Erde Vernunft bewahren

und getreu dem Klimaabkommen im eigenen Land verfahren.

Kaum zu begreifen ist, dass Staaten aus dem Klimaabkommen ausgetreten sind,

selbst aber unter Klimawandel leiden, ja sind die denn blind?

„Die Vernunft sollte obsiegen", mahnt Bauer Ohle,

hebt sein Glas und sagt: „Zum Wohle!"

Luftverschmutzung

Die Stadtverschmutzung bleibt seit Jahren ein
Problem;

Im Grunde genommen gehört es zu unserem Ge-
sellschaftssystem.

In vielen Städten ist der Grenzwert des Stickstoffdioxid

40 Mikrogramm pro Kubikmeter Luft überschritten, das ist rapid.

In Großstädten wird dieser Grenzwert sehr oft
überschritten,

zum Beispiel in München, Stuttgart oder Köln,
dies ist unbestritten.

Aber wer denkt an Luftverschmutzung in Reutlin-
gen, Heilbronn oder Freiburg,

Oldenburg, Tübingen, Mannheim, Solingen oder
Limburg?

Die Luftverschmutzung ist auch dort eindeutig grenzwertig, also in ganz Deutschland!

Doch wir Menschen haben es genau so eindeutig selbst in der Hand,

das Problem mit dem Schmutzfink Auto technisch zu lösen.

Unverständlicherweise ist das für die Verantwortlichen ein Ding mit Ecken und Ösen.

Aber wenn München 2017 mit 78 Mikrogramm überschritt,

Stuttgart 73 Mikrogramm im jährlichen Schnitt,

dann klingen wirklich die Alarmglocken an allen Orten.

Den Bewohnern und ihrer Gesundheit zuliebe muss man die teuersten Lösungen befürworten!

„Ein bisschen Vernunft und die Lösung ist

gefunden," meint Bauer Ohle,

hebt sein Glas und sagt: „Zum Wohle!"

Auspuff

Autoabgase sind nicht nur schädlich für
die Gesundheit,

sondern auch für die Natur und unser
Klima als Gesamtheit.

Aus dem Auspuff kommen u.a. 1. Stickstoffdioxid
(NO_2) als Schadstoff,

es beschäftigt schon heute Politik und
Justiz als Zündstoff.

2. Kohlenstoffdioxid (CO_2) als Treibhausgas,
verantwortlich für erhöhte Erderwärmung,

3. Feinstaub und 4.Ozon (O_3) ergänzen die oft
gescholtene Abgasverwirrung.

Die Autoabgase aus dem Auspuff wurden als Belastung zusammengefasst,

weil Gesundheit, Natur und Klima den Auspuff
hasst.

Menschen und Insekten müssen tausendfach sterben,

denken Vorstände der Autohersteller gar nicht an ihre Erben?

Wenn Bienen aussterben, stirbt auch die Menschheit,

werdet nun endlich wach, denn es wird höchste Zeit!

„So ist es, wir brauchen keine giftige Energie,“ grollt Bauer Ohle,

hebt sein Glas und sagt: „Zum Wohle!“

Dürre

Bereits Anfang des Jahrhunderts nahmen Dür-
ren zu,

auch europaweit, insbesondere 2003, 2018 waren Hitze und Trockenheit kein Tabu.

Selbst in der Arktis stiegen die Temperaturen
nach oben,

das Eis schmolz und schmilzt, hier ist Erderwärmung zusammenhängend verwoben.

Eindeutig ist ein Klimawandel zu erkennen,

auf allen Erdteilen erleben wir die Dürre,

Wälder brennen,

Wetterextreme breiten sich aus und mit ihr die
Hungersnot,

In Afrika fliehen Menschen und Tiere vor dem
drohenden Tod.

Und in Deutschland leiden Landwirtschaft
und Milchbauern,
aber auch Menschen, Tiere, Bäume, Pflanzen,
man kann es nur bedauern.

So sinken die Pegelstände der Flüsse sehr
rapide,
die Schifffahrt und Wasserwirtschaft liegen
am Boden, nichts ist solide.

Selbst wenn die Kälte kommt, die Dürre bleibt;

und es wird schlimmer, wenn man nicht die Erderwärmung vertreibt.

„Der von Menschen gemachte Klimawandel,
schon seit der Blütezeit der Industrie, muss ge-
stoppt werden, „appelliert Bauer Ohle,

hebt sein Glas und sagt:" Zum Wohle!"

Unwetter

Die Zeit scheint vorbei zu sein, als noch Regen
als Regen fiel,

Heute stürzen Wassermassen von oben wie
ein Possenspiel, nur viel zu viel.

Der Wetterdienst berichtet von Wirbelstürmen
und Sturmfluten,

oder von Erdrutschen, Überschwemmungen,
reißenden Bächen, die durchfluten.

Weltweit berichten Nachrichten von
Katastrophen und Verwüstungen.

Diese Wassermassen und Stürme haben
die Menschen bezwungen,

Aber - die ‚Wetterextreme‘(Dürre/Unwetter)
sind eine Entwicklung der Erderwärmung,

also von Menschenhand geschaffen und
eine natürliche Überrumpelung.

Es liegt in der Hand des Menschen, die
Erderwärmung zu beheben:

Richtige Entscheidungen der Menschen
und alle würden ungefährlicher leben.

Naturkatastrophen mit Toten und millio-
nenschweren Sachschäden könnte man
fast verhindern,

würde man den Klimawandel beheben, wären die Wetterextreme erheblich zu
vermindern.

„Nicht ‚Geld regiert die Welt‘, sondern,
‚weniger ist mehr‘, hilft beim notwendigen
Handeln,“ erinnert Bauer Ohle,

hebt sein Glas und sagt“ Zum Wohle!“

Traumschiffe

Meine Frau und ich haben eine Seereise
geplant,

natürlich mit einem Traumschiff, aber
nicht geahnt,

dass unsere Kinder begründet Widerspruch
erheben.

Inzwischen haben wir unsere Traumschiffreise
aufgegeben.

Traumschiffe tragen dazu bei, unsere Meere
zu verschmutzen.

Mit diesem Verschmutzungswissen gibt
es keinen Erholungsnutzen.

Abfälle, Abwasser wie Schwerölrückstände

hinterlassen die Traumschiffe auf dem Meer,
das spricht Bände.

Fische fressen Plastik und Vogelgefieder
verkleben,

und viele weitere Umweltschäden lassen
die Finger erheben.

es ist, als ob sich eine 10000 Einwohnerstadt auf dem Meer befindet,

ihren Dreck hinterlässt, dann kurzzeitig verschwindet,

doch mit neuen Touristen erneut wieder aufzutauchen,

um unsere einst sauberen Meere weiterhin zu missbrauchen.

„Wir bleiben an heimischen Gewässern,“ sagt Bauer Ohle,

hebt sein Glas und trotzt: „Zum Wohle!“

Plastik

Lebensmittel in Plastik verpackt, gekaufte
Kleidung in Plastiktüten getragen,

wird zu Plastikmüll und landet tonnenweise
im Meer oder auf dem Müllwagen.

Vereinfacht: langlebige Plastik darf nicht
mehr hergestellt werden als Wegwerfware.

Für eine Neuausrichtung dürfte dies kein
Problem sein, von daher weht die Auf-
bruch-Fanfare.

Wir haben das Plastikproblem viel zu lange
hinausgezogen,

die Einfachhandhabung von Plastik hat uns
dazu bewogen.

Hinzu kommt die lange Plastikhaltbarkeit,

keine Verrottung im Sinne von Dünger,
eine Unmöglichkeit.

So sind die Weltmeere mit Millionen Ton-
nen Plastik vermüllt,

Wale etc. sowie tausende von Fischarten
sind schmerzerfüllt.

Tierarten, Fische und Vögel müssen nach
irrtümlich verzehrtem Plastikmüll sterben,

der von Menschenhand entsorgte Plastikmüll bringt ihnen dieses Verderben.

Aber die Sorglosigkeit der Fehlentsorgung
schlägt zurück,

es hört sich an wie ein menschliches Schel-
menstück.

Über Wasser und Fischverzehr kommt Mik-
roplastik auch in den menschlichen Magen,

und spätestens jetzt beginnt lauthals das
selbst verschuldete Wehklagen.....

„Man mag so viel Unverstand nicht glauben," schimpft Bauer Ohle,

hebt sein Glas und sagt: „Zum Wohle!"

Gedankensplitter von Bauer Ohle

Wenn ich Umweltsünden höre, denke ich sofort an Klimawandel; sie sind die Verursacher des Klimawandels.

Wenn wir nicht aufpassen, verkürzen wir unserer lieben Erde ihre wertvolle Möglichkeit, uns Menschen und der gesamten Artenvielfalt die Lebensmöglichkeit zu erhalten.

Hätten wir nicht diesen deutlich erkennbaren Klimawandel, könnte die Erde noch Millionen Jahre der Artenvielfalt auf der Erde ihre Lebensmöglichkeit erhalten.

Wir müssen uns alle, viele es noch erlernen, auf ein nachhaltiges Leben umstellen.
Nur so können wir den nachfolgenden Generationen - ja millionen von Generationen – eine Erde mit dem Angebot des Lebens der gesamten Artenvielfalt hinterlassen.

VIII.Irgendwann

Wie wird die Zukunft der Menschen irgendwann auf unserem Erdball aussehen? Wie werden sich Energie, Fahrzeuge und vor allem die digitale Revolution entwickeln?

Wie sieht die Zukunft unserer notwendigen Artenvielfalt aus und inwieweit ist wieder die ‚Intelligenz' des Menschen beteiligt?

Wie werden letztlich Wissenschaft und Glauben über die Verbändelungen Erde- Weltall – Schöpfung zu beurteilen sein? Vor allem: Welche Lebensdauer hat unsere Erde?

Fragen über Fragen, die zwar am Anfang des Buches angesprochen wurden, aber wirklich nicht leicht zu beantworten sind.

Doch Bauer Ohle versucht es mit lockeren Erzählungen aus der Runde....

So beginnen Bauer Ohles Erzählungen mit leichten Worten,

aus der Stammtischrunde und Schilderungen von anderen Orten:

Energie

Photovoltaik, Windkraft und Wasser sind die natürlichen Vorgaben für die künftige Energiegewinnung.

Der Anfang ist gemacht, aber die Speicherkapazitäten in der Nähe, Ladestationen wie gesicherte Speicherung

suchen neue Techniken zur Gewinnung und Speicherung der Elektroenergie.

Erste Wege wurden von Experten aufgezeigt, wirtschaftlich dienliche, es lächelt die Industrie.

So u.a. künstlich angelegte Seen, mittig ein runder Damm von 200 m Höhe und über 10 km Durchmesser.

Sie helfen Stromspeicher näher vor Ort anzusiedeln, weniger lange Stromtrassen, aber großer Aufwand, trotzdem besser?

Auch tieferdige Speicher würden der angedachten Speicherung behilflich sein.

Genauso wichtig sind Weiterentwicklungen der Lithium-Ionen-Batterien als kleinst bis großer Energiebaustein.

Eine weitere Energiequelle wäre, wenn elektrische Energie Wasser und Sauerstoff zerlegen

und synthetisches Erdgas erzeugen würden, für die vorhandenen Netze ein Energiesegen.

Zukunftsträchtige Energie wird es künftig noch einige geben, wie u.a. Magnete, Wasserstoff (in den Niederlanden wird bereits produziert), fliegende Windkraftanlagen.

Forscher, Ingenieure, Erfinder wie Zukunftswissenschaftler basteln und tüfteln, entwickeln um zu produzieren, und sie werden nicht verzagen.....

„Das glaube ich auch," bekräftigt Bauer Ohle,

hebt sein Glas und sagt:"Zum Wohle!"

Bewegung

Es geht um künftige Fahrzeuge zu Lande, Flugkörper in der Luft wie Schiffe auf dem Wasser.

Werden die Fahr-, Flugzeuge und Schiffe in Zukunft klimafreundlich fungieren wie Selbstaufpasser?

Denn neue Energien, Techniken wie Werkstoff verändern Äußeres wie im Innern und auch Größe.

Künftig wird es moderner, bequemer, lautloser, gesteuerter, hilfreicher – man gibt sich keine Blöße.

Autos können fahren und auch fliegen, vermutlich autonom, also selbstfahrend sein.

Dafür sorgen neue Energien wie die digitalen Steuerungen, man braucht auch keinen Führerschein.

Darüber hinaus tummeln sich künftig E-Roller, E-Fahrräder,E-Vespas, E-Motorräder, Roboter-Taxis, zum Teil schon heute und in einigen Jahren wird es dann tägliche Praxis.

In Flugzeugen wird es komfortabler mit bequemen Sesseln und vermutlich Panoramablick.

Mit neuen Techniken plus Energien wird es klimafreundlicher und flugeleganter wie ein ausgetüftelter Zaubertrick.

Der Luftraum wird sortierter besetzt sein mit Lufttaxis für Menschen und Waren.

Es sind Drohnen, die autonom den tieferen Luftraum besetzen und vielleicht reicht es sogar bis zu den Balearen.

Aber auch der obere Luft- wie Weltraum wird stärker belebt sein, auch mit Besuchern, vor allem aber für die Weltraumforschungen.

Von daher sorgen u.a. Raketen, Raumfahrzeuge, Spezialflugkörper, Satelliten wie Raumschrottsammler für zahlreiche, wirkungsvollere Ansammlungen.

Sie beeinflussen unser tägliches Leben, z.B. Internet, Fernsehen, Smartphone wie einfachere Steuerungen und Telefonieren.

Gefährlich wird es bei staatlichen Feindseligkeiten, Falschmeldungen bei Live-Übertragungen und digitalem Spionieren.

Auf den Weltmeeren werden neue Zeiten für nutzbare Energien wie Techniken anbrechen.

Sehr wahrscheinlich werden auch Schiffe künftig schneller, vor allem autonom ins Meer stechen.

Man spricht u.a. von Erdgas, Elektrizität, Wasserstoff, Propeller, Düsen und Luftkissen für die Schnelligkeit,

bei neuen Energien und Techniken wird man sich überraschen lassen, oft hilft beim Tüfteln fast immer die Einmaligkeit.

Dies gilt auch für Kähne, Motorboote, vielleicht künftig Land-Luft-Wasserfahrzeuge wie Jachten.

Die Menschen werden in den nächsten Jahrzehnten die hoffentlich klimafreundlichen Entwicklungen ihrer Denker dann staunend betrachten....

„Das will ich hoffen,“ so nachgrübelnd Bauer Ohle,

hebt sein Glas und sagt:“ Zum Wohle!“

Digitale Revolution

So wie einst die Dampfmaschine eine industrielle Revolution auslöste,

lösen nun digitale Geräte eine digitale Revolution aus, ihre Einflussnahme ist z.Zt. das Größte.

Vereinfacht: Digital werden die Signale o und 1 genannt, sprungartig verarbeitet, also nicht stufenlos.

Mit dem Ergebnis einer erheblichen Umwälzung der bisher ausgeübten Praxis in Haushalt, Medizin, Industrie u.a., also beispiellos.

Noch deutlicher: Die Zukunft hat längst in der Gegenwart digital begonnen.

Gesellschaft , Politik und Wirtschaft sind digital erfasst und hoffentlich besonnen.

Wir alle kennen bereits digital, u.a. in PC's, Smartphones, Uhren, Kameras, 3 D-Drucker, Hörfunk und Fernsehen,

natürlich auch in technischen wie medizinischen
Bereichen.Aber können wir digital auch' sicher-
gehen'?

Digitale Massen-Informationen, ob privat, ge-
heim, in industriellen, bautechnischen , medizinischen wie politischen Bereichen,

wecken kriminelle Energien, rufen sie auf den
Plan, lassen Hackern zu viel Raum, sie setzen
Brandzeichen.

Erkennbar wird, dass künftig Digitalisierung und
Cybersicherheit gleichstufig   weiter zu entwickeln sind,

sonst sehen wir bei empfindlich-wertvollen Entwicklungen statt Cybersicherheit einen Hahn auf
dem' Mist' oder im ,Wind'..

In Haushalt und Industrie wird digital eine Vielfalt
von Erleichterungen bringen

In der Arbeitswelt werden Arbeiten am PC immer
häufiger ins eigene Heim umschwingen.

Künstliche Intelligenz wie Roboter werden breit-
schichtig helfen, vor allem in den Medien wie Industrie.

Es werden sogenannte mobile Assistenten sein,
Arbeitsplätze einsparend, ergiebig helfend wie
eine Maschinerie.

Digitale Zukunft bedeutet auch autonome Fahr-
und Flugzeuge, in der Luft, zu Wasser und auf
dem Lande,

Cybersicherheit ist oberstes Gebot, muss garan-
tiert sein, also kein Sicherheitsspielchen nur am
Rande.....

„Das ist oberstes Gebot," nickt Bauer Ohle,

hebt sein Glas und sagt:" Zum Wohle!"

Menschen, Tiere, Pflanzen

Beginnen wir mit den Pflanzen und Tieren, der millionenfachen Artenvielfalt des Lebens.

Hunderte Millionen Jahre leben sie bereits auf unserem Erdball und wahrlich nicht vergebens.

Zukunftsforscher belegen glaubhaft, dass sie auch künftig noch einige Millionen Jahre auf dem Erdball leben werden.

Sie hätten bei künftigen Erdkatastrophen anpassungsfähige Lebensformen wie auch schon bisher auf Erden.

Die Lebensform Mensch bewegt sich erst seit gut 100000 Jahren auf unserem Erdball,

davon rd. 98000 Jahre dünn besiedelt, dann mit der industriellen Revolution der sprunghafte Anstiegsfall.

Vermutlich wird der Mensch älter werden als bisher und vor allem bequemer leben, doch auch Gefahren lauern am Horizont, zum Teil selbst produzierte, oft mit schuldhaftem Streben.

Für das ‚Älter werden‘ und ‚Bequeme‘ sorgen im Bereich Medizin und künstliche Intelligenz digitale Weiterentwicklungen.

Doch menschliche Intelligenz denkt überwiegend an sich und verursacht ein ‚Millionen-Artensterben‘, vor allem Insekten werden verschlungen.

Das haben unsere hilfreichen Erdmitbewohner nicht verdient, dass Menschen sie so grausam vernichten,

mit Pestiziden, verursachtem Klimawandel, Flächenabbau (u.a. Städte, Roden von Regenwäldern), hier kann der Mensch sich nicht entpflichten.

Hallo Politiker, wacht endlich auf, seid nicht mehr so dümmlich und bezuschusst die Flächen, sondern indirekt den Artenschutz,

Stoppt den Klimawandel, Flächenabbau, die
Pestizide, Monokulturen u.a. und besudelt Politi-
ker-Hände nicht mit Schmutz.

Was hilft dem Menschen in Zukunft, wenn de-
fekte Gene repariert und Leben der Zellen und
damit der Menschen verlängert werden,

aber ihre einst hilfreichen Mitbewohner u.a. Be-
stäuber und Erdauflockerer längst verschwunden sind, ein barbarisches Artensterben.

Die Intelligenz des Menschen sollte die künftigen
Gefahren u.a. des Klimawandels bedenken,

wenn ultraviolette Strahlung der Erderwärmung
zunehmen und Trinkwasser knapp wird, heißt:
Sofort einlenken.....

„Aufrütteln, wach werden, handeln," grollt Bauer
Ohle,

hebt sein Glas und sagt: „Zum Wohle!"

Intelligenz – Mensch

Ob Klimawandel, Umweltverschmutzungen, Kriege ,Hungersnot, Artensterben, Seuchen oder sonstige Schwerstbelastung,

der Mensch hat es oft selbst in der Hand dank seiner Intelligenz, Schicksale mit zu lenken, eine Zukunftsberuhigung.

Die Gefahr der Übervölkerung der Erde könnte ein gesteuerter oder erkenntnisreicher Geburtenrückgang sein.

Vermutlich wird künftig weltweit der in Europa und Japan vorliegende Geburtenrückgang nachgeahmt, also keine Pein.

Dafür wird die Lebenszeit der Menschen nach Erkenntnis der Biotechnologie über die DNA länger.

So werden u.a. Zellerneuerungen, Organzüchtungen oder bessere Gene helfen, unsere u.a. Biotechniker sind keine Müßiggänger.

Darüber hinaus werden tägliche Gesundheit-
schecks, schnelle Arzt-Patienten-Gespräche
helfend sorgen.

Auch dem Arzt hilft die digitale Technik, medizi-
nische Utensilien in Größe eines Smartphones
zu nutzen, Patienten fühlen sich geborgen.

Im Bereich Energie können neben der Elektrizität die Kernfusion mit Wasser und Magnetismus
eine große Rolle spielen.

Vielleicht werden Schienenfahrzeuge, Lastkraft-
wagen, PKW's oder Flugzeuge magnetisch wie
ein Hauch lautlos Erfolge erzielen.

Robotik und autonome Systeme werden künftig
u.a. im Haushalt, in der Industrie und in Fahrzeu-
gen zu finden sein.

Hilfreich und eigenständig werden diese Hilfsas-
sistenten werkeln, menschliche Bequemlichkeit
wird eingeläutet - ein Persilschein.

Auch die Nano-Technik mit ihren Nanopartikeln
wird häufig die Chemie der Zukunft genannt,

so z.B. Kleinstmotoren in der Medizin, aber Fortschritt mit Gefahren (wie Pestizide) sind deutlich
erkannt.

Ob u.a. Klonen, gentechnische Veränderungen
oder Mutationen unserer Artenvielfalt auf dem
Erdball wird künftig vielfach genutzt,

vermutlich verstärkt auch die gentechnischen
Veränderungen von Lebensmitteln, der Öko-Fan
stutzt.

Aber die Erdbevölkerung wächst und mit ihr die
Hungersnot, vermutlich wird sich die Gentechnik
vermehren.

Doch Ackerböden werden knapper, so dass vermutlich Hydrokulturen von Nutzpflanzen künftig
in luftigen Höhen der Städte einkehren.

Auch der 3D-Drucker wird wahrscheinlich weiterentwickelt, er verarbeitet, Keramik, Sand oder
Metalle in dreidimensionale Formen zu Werkstücken,

und zwar so, wie im Programm gestaltet, also
vorgegeben. .Eine   positive Weiterentwicklung

wird 3D-Drucker für viele Herstellerbereiche weit nach vorne rücken.

Es gibt viel zu tun, packen wir es an: vorab den Klimawandel, die Umweltverschmutzung und chemischen Gifte stoppen,

darüber hinaus die Artenvielfalt schützen, Hungersnot, Kriege und Seuchen verhindern und zwischenmenschlich nicht mit ‚Sprüchen‘ foppen...

„Würde die Intelligenz mit Vernunft richtig eingesetzt, wäre alles so einfach", murmelt Bauer Ohle,

hebt sein Glas und sagt: „Zum Wohle!"

Erdball - Weltall – Himmel

Wir Menschen verbrennen fossile Energie und erzeugen damit schmutzige Luft mit Folgen: die Klimawandlung.

Die Natur braucht viele tausend Jahre, um die Atmosphäre wieder frei zu filtern, aber – für nur 1 Jahr unserer Verschmutzung.

Also unmöglich, d.h. der von Menschenverstand verursachte Klimawandel beginnt die Erdatmosphäre zu zerstören.

Die junge Generation hat dieses katastrophale Verhalten begriffen, so dass sie weltweit demonstrieren, selbst Kinder sich empören.

Schon heute sterben an der Luftverschmutzung auf unserem Erdball Millionen von Menschen, und die nicht allein.

So sterben tausende von Tierarten, werden Pflanzen belastet, d.h. auch der Artenvielfalt stellt man ein Bein.

Falls die Vernunft des Menschen obsiegt und er den Klimawandel in naher Zeit stoppt,

werden erheblich frühere Erdzerstörungen und
Katastrophen beendet, der Erdball wird nicht
mehr gefoppt.

Unser Planet Erde ist damit voraussichtlich für
erheblich viele Millionen Jahre für unsere Artenvielfalt bewohnbar.

Aus Folgerungen der erforschten biologischen
Evolution wird dies für Wissenschaftler erkennbar.

Natürlich ist es schon riskant, eine verbindliche
Aussage bei Gelingen über die Zukunft der Erde
oder des Weltalls vorauszusagen.

Aber mehrheitliche Aussagen unserer Wissenschaftler pendeln über reichlich eine Milliarde
Jahre Lebensdauer Erde, also nicht verzagen.

Dem Weltall selbst wird eine fast unbegrenzte
Lebensdauer vorausgesagt, eine Art ,Arche
Noah für Menschenleben?

Vielleicht, falls der Mensch andere, vor allem be-
wohnbare Planeten erreichen kann.Vereinfacht:
Mit Weltall-Drohnen emporschweben.

Ein bewohnbarer Planet könnte beispielsweise einer aus der gemäßigten Zone werden, falls die wandernde habitable Zone ihn zum Habitat werden lässt,

das heißt, wenn die Erde wie eine Venus wird und der Mars in die gemäßigte Zone gerät, und damit für die Menschen bewohnbar werdend, lüftet, wärmt und nässt.

Aber die Intelligenz des Menschen darf sich nicht selbst befehden, mit Klimawandel, Giften, Terror gar Atomkriegen.

Denn die Vernunft der menschlichen Intelligenz braucht noch ein wenig Zeit für den Bau der fliegenden Planeten-Stiegen.

Unsere Nachkommen müssen nicht schon heute fürchten, durch Fehlsteuerungen der Vorfahren ihre Heimat Erde vorzeitig zu verlieren.

Von daher aufwachen und den Klimawandel wie Belastungen (Gifte, Plastikmüll u.a.) der Erde sofort stoppen, Vernunft einsetzen und nicht mehr gieren...

„Es wäre so einfach, vor allem, wenn wir an
unsre Kinder denken," mahnt Bauer Ohle,

hebt sein Glas und sagt:" Hoffentlich für unsere
Nachkommen zum Wohle!"

Gedankensplitter von Bauer Ohle

Möge das ‚Irgendwann' im positiven Sinne der Menschheit helfen, vielleicht schon mit der veränderten Energie, die sich anbahnt, dass Fahrzeuge der Zukunft ungiftig und schmutzlos transportierend über Land, Wasser und Luft sich bewegen.

Zu hoffen bleibt auch, dass unser digitales Zeitalter Nachhaltigkeit unterstützt. Vorgaben sind für jeden erkennbar: kein digitaler Fortschritt ohne Nachhaltigkeit.

Manches der Vergangenheit seit der industriellen Revolution muss im Nachhinein mißtrauisch beäugt werden. Damit wird deutlich, dass im jetzigen digitalen Zeitalter Erneuerungen zunächst auch mißtrauisch zu betrachten sind. Nach sicherem Erkennen: „Keine Belastung für alle Erdbewohner der Zukunft" dürfen wir gerne ein aufatmendes lächelndes ‚Danke' übermitteln.

Irgendwann werden auch die letzten verantwortlichen Politiker sich diesen Erkenntnissen nicht mehr verschließen können.

IX.Ein Wort danach

Die Gesprächsrunden mit Bauer Ohle haben sich darum bemüht, vor allem in wissenschaftlichen Bereichen des Lebens, diese von den Anfängen bis zur Zukunft ein wenig locker aufzuzeigen:

Interessant ist schon, wie sich unser Umfeld auf der **Erde** in **Milliarden** von **Jahren entwickelt** hat. **Erst** vor rd. 200000 Jahren traten die **Primaten/ Menschen** in diese Entwicklung ein; das Besondere an Ihnen ist ihre Intelligenz. Es begann mit dem handwerklichen Können der Menschen vor tausenden von Jahren, wie wertvoll es war, wissen wir nicht nur seit heute (Handwerk hat goldenen Boden).

Dann kam die **Industrielle Revolution vor 200 Jahren**; sie wurde einflussreicher Vorläufer der aktuellen Digitalen Revolution. Die Zeitabstände dieser Entwicklung haben sich extrem verkürzt.

(Teil- Steinzeit, Bronze-,Eisenzeit, Mittelalter, Neuzeit rd 199.800 Jahre/ Industrielle Revolution 200 Jahre/ **Digitale Revolution 30-50 Jahre**)

So können wir beispielsweise feststellen, dass das **Smartphone** uns schon heute, also nach 25jähriger Entwicklungszeit als Leistungsträger in Erstaunen versetzt.

Als vielschichtiger Informationsträger, klein und handlich überraschen die hilfreichen Funktionen:

Arbeitshilfe, Adressen, Bibliothek, Bildtelefon, Bankgeschäfte,Briefmarkengebühren-, Briefumschlägeersparnis(E-Mail), Bestellungen, Datenübermittler, Fernseher, Fotobuch, Freundeskreis bildend, Informationsträger, Kamera, Katalog, Kalender, Nachrichten, Notizbuch , Notruf, Partnervermittlung, Radio, Rechenmaschine, Spielautomat, Sprachführer, Sprachübersetzung, Schreibmaschine, Sportergebnisse, Steuererklärung, Schriftverkehr, Taschenlampe, Telefon, Uhr, Überweisungsträger, Versandhandel, Video, Videospiele, Wetterstation,Zeitung u.a.m.

Die in den vielschichtigen Funktionen erkennbare , **künstliche Intelligenz'** weist bereits in Zukunftsvisionen, die z.T. schon in verschiedenen Bereichen verwirklicht worden sind, so u.a der Roboterrasenmäher im Garten, der Industrieroboter in der Maschinenwelt, 3D-Drucker oder in der Medizin.....

Manchmal macht dieses Zukunftsdenken ein wenig Angst, z. B. der ständig steigende Datenmissbrauch. Doch wenn dieses angebrochene digitale Zeitalter zum Wohle der Menschen, der Tierwelt und des Erdballs genutzt wird, verbirgt sich in dieser Entwicklung manch interessante weitere, vielleicht besonders positive Überraschung....

So haben die Bauer Ohle-Runden versucht mit plaudern, snaken, erzählen, Augen öffnen unser ,damals', 'heute' wie ,'irgendwann' aufzuhellen...

Aber es bleibt noch das Schlusswort von Bauer Ohle:

„In der Runde gab es humorigen Spaß, doch wir haben immer öfter über ernste Themen geredet. So wird der **Klimawandel** für die Menschen wie für die gesamte Artenvielfalt eine Katastrophe:

1.

Die **Lebensfähigkeit** von Pflanzen, Tieren und Menschen wird **zerstört**, ja wir nehmen es selbst wahr und stecken buchstäblich den 'Kopf in den Sand'...

Darüber hinaus **vergiften** wir unsere Pflanzen und damit unsere Insekten und Krabbelvielfalt in der Erde. Die menschliche Intelligenz der Artenvielfalt vernichtet irgendwann – wenn es so weitergeht- alle: Mensch, Tier und Pflanze. Aber auch der **radioaktive Atommüll belastet** die Gesundheit der Menschen noch über **zigtau-**

sende (!) Menschen-Generationen hinaus; irrsinniger weise aber nur dann, wenn die Menschen ihre so wertvolle Erde mit ihrer vielschichtigen Artenvielfalt nicht erheblich früher ruiniert haben.

2.

Wir dürfen **nur noch nachhaltig produzieren** und leben. **Liebe Politik, ‚Sie‘ müssen konsequent lenken**. Corona (Corvid 19) hat aufgezeigt, dass Sie es können. Stoppt den Klimawandel und die vielen Unredlichkeiten des menschlichen Verhaltens nicht irgendwann, sondern sofort im heutigen Digitalen Zeitalter! **Ich hoffe, eine verständliche Bitte.....**

So erhebe ich mein Glas zum Dank, stoß auf Ihr Lenken an und sag: „Zum Wohle,"

ich wünsche es allen, „Ihr Bauer Ohle!"

X.Fundstellen- Literatur

- Atlas zur Kirchengeschichte (Jedin,Latourette, Martin, Freiburg 1970)
- Atlas zur Weltgeschichte (Westermann)(Kinder/Hilgermann)
- Archivunterlagen des Verfassers
- Aufzeichnungen aus Museen, Fachliteratur, geologische Zeitskala u.a.
- Brockhaus-Lexikon
- Bundesministerium für Bildung und Forschung (BMBF, Themen)
- Bundesministerium für Verkehr und digitale Infrastruktur (Themen)
- Bundesministerium für Wirtschaft und Energie (BMWI, Themen)
- Bundeszentrale für politische Bildung (verschiedene Daten)
- DGB (Themen)

- Fachliteratur(Themen)
- GEO (versch. Daten)
- Lebensweisheiten
- Pressemitteilungen (versch. Daten)
- Sprache und Vorzeit (Krahe)
- Umweltbundesamt (UBA, Themen)
- Untersuchungen von Greenpeace (Themen)
- Volksmund
- Weltgeschichte(Rauke)
- Zitate und Weisheiten der Welt (Herausgeber W. Apfel)
- Zitat, das Überzeugende (Duden)

Notizen